東京大空襲を指揮した男 カーティス・ルメイ

上岡伸雄
Nobuo Kamioka

ハヤカワ新書 039

はじめに

1945年3月10日、東京下町の住宅街に大量のナパーム弾が投下され、ひと晩で10万人もの人々の命が奪われた。これが東京大空襲である。この空襲の即日の死者数は、原爆投下直後の広島、あるいは長崎の死者数を上回っている。これは明らかに一般市民を標的にした無差別爆撃だった。

この爆撃を指揮したのがカーティス・E・ルメイ（1906〜1990）である。彼はその後も日本各地を爆撃し、日本じゅうを焼け野原にして、数十万人もの命を奪った。その功績で戦後はアメリカ空軍の幹部となり、ソ連を敵視する超タカ派の言動で物議を醸し続けた。朝鮮戦争でも、キューバ危機でも、ベトナム戦争でも、核兵器使用も含む強硬な攻撃を主張した。彼の意見が通っていたら、人類は滅びていたかもしれない。こうした言動でリベラル派からは悪魔のように見なされるようになった。そして引退後の1968年、南部の人種差別主義者の副大統領候補となり、大統領選に挑戦して、落選している。

このルメイに、日本政府は1964年、勲一等旭日大綬章を授与している。航空自衛隊の創設と発展に貢献したという理由からだ。しかし、無差別爆撃でこれだけの死者を出した張本人に、被害を受けた側の国が勲章を贈るというのはいったいどういうことだろう？　日本の右派や左派はそれぞれに対してどういう反応をしたのか？　いや、そもそもルメイとはどういう人物だったのだろう？

日本では、これまでルメイの伝記は書かれてこなかった。ルメイという名前自体、広く知られているとは言いがたい。アメリカでは何種類かの伝記が出版され、彼自身も回想録を書いている。それらを読んでみると、一般に流布されている残忍な男、殺人鬼といったイメージとは、別の人物像が浮かび上がってくる。組織に忠実な軍人であり、現実主義者、合理主義者という人物像だ。彼は力で相手をねじ伏せることによって、本当に戦争が抑止できると信じていた。これは彼の問題というより、アメリカの問題と言えるのではないか？

本書はアメリカで出版されている彼自身の回想録、伝記、周辺の人々の回想、そして彼を扱った新聞雑誌の記事や小説、映画などを通し、彼がどういう人物であり、どのように日米で受け取られてきたのかを追究する試みである。世界平和を望む者として我々は、そして世界は、彼をどう捉えるべきなのか。多角的な視点からその答えに迫りたい。

目次

注：本文中の引用は巻末の参考資料より。筆者名、頁を示す

序章

1945年3月9日

東京が我々の標的となる――第一の標的であり、第二の標的であり、唯一の標的だ。この空襲はこれまでにない規模であり、そこに最大限の努力が注がれることになる。179機（出動は192機）で東京を爆撃した3月4日のミッションを除けば、これまで単一の標的に150機以上のB29が使われたことはなかったのに、この空襲は300機を超える超・空の要塞《スーパーフォートレス》で構成されているのだ* (LeMay & Yenne, 124)。

1945年3月9日夕方、グアム島。アメリカ陸軍航空軍のカーティス・E・ルメイ少将は、飛び立っていくB29爆撃機を、最初から最後まで1機1機見送った。これから約7時間の飛行を経て、彼らは東京の下町に焼夷弾を投下することになっていた。

ヨーロッパ戦線で戦っていたとき、ルメイはほとんどのミッションで、自ら先頭に立って飛んでいた。しかし将軍となり、国家の最高機密を知らされたいま、ミッションで飛ぶことは許されなくなった。アメリカとしては、彼が捕虜になるリスクを避けなければならなかったからである。ルメイはそれがもどかしかった。

マリアナ諸島の航空軍の司令官になって6週間、ルメイはまだ目立った成果を上げられていなかった。その前年、37歳の若さで少将に抜擢された彼にとって、この作戦で失敗したら、軍人としての未来がないと覚悟していた。

しかし、この作戦にはそれ以上の意味があった。アメリカを勝利に導くために、どうしても成功させなければならない。いや、アメリカが勝つことはもうわかっている。できるだけ自国の犠牲者を少なくして、アメリカが勝つために、ということだ。空爆によって日本を降伏に追いこめなければ、アメリカ軍は日本本土に上陸し、日本軍と直接戦うことになる。そうなったら、アメリカ軍には50万人もの戦死者が出ると見積もられていた。100万人だと言う者もいた。日本側の犠牲者も含めれば、死者の数は計り知れない。

それを避けるためにも、この作戦をどうしても成功させなければならない。ルメイはそう念じていた。つまり、東京を焼け野原にしなければならない。

＊ 2月25日の攻撃では229機のB29が出撃している。ルメイの記憶違いなのか、何らかの理由でこの攻撃を除外したのかは不明。

第1章

大空への憧れ――少年時代

突然、頭上に飛ぶ機械が現われた。どこからともなくやって来た。すぐそこにいたので、私は捕まえたいと思った。（……）私はできるだけ速く走った。近所の芝生や庭を突っ切り、空き地を走り、ときには歩道を、ときには道路を横切って。しかし、飛行機はどんどん小さくなった。どんなに頑張っても、私は離されていった。（……）そして、それは消えてしまった。（……）私は泣きながら家に戻った（LeMay & Kantor, 13-14）。

運命の出会い

カーティス・ルメイはこの思い出を1910年かその翌年の冬のこととして語っている。彼が4歳か5歳のとき。場所はオハイオ州コロンバスである。

心にとどめていただきたいのは、この時期が航空機の歴史上、黎明期にすぎないという事実である。ライト兄弟が動力による飛行に成功したのは1903年。ほんの7年か8年前だ。幼いルメイの頭上を飛んでいったのは、ライトB型という最初期の複葉機である。

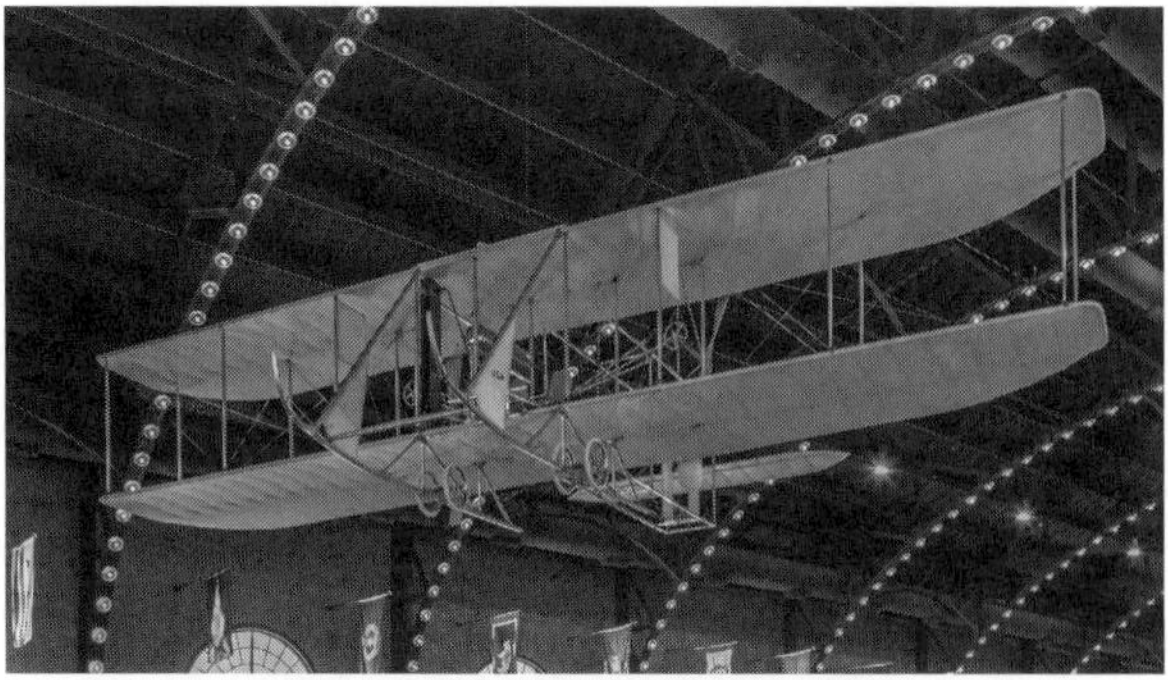

レプリカのライトB型(©Acroterion)

それでも――いや、だからこそと言うべきか――カーティス少年の心は空を飛ぶことに取り憑かれた。そのあともこれを忘れられず、「私は(……)この物体の駆動力と速度とエネルギーをずっと追い求め続けた」と彼は50年以上も後に語っている。「(このとき飛行機を追った少年の自分が)ずっと私に付き添い、私の横で走り続けたのである」と(LeMay & Kantor, 14)。

ここに、天才的な人々が自分の生涯を賭けるものを見つけたときと同じ運命の出会いを感じずにいられない。

19世紀後半のロシアの数学者、ソフィア・コワレフスカヤは子供のとき、部屋の壁紙に穴があいていて、親が適当に本のページを破ってその穴をふさいだ。ところが、それが微分法についての本で、幼いソフィアはそのページに驚きと関心を掻き立てられ、数学を学び始めた。ロシアではまだ女性に高等教育が開かれていなかった時代、彼女は数学者として数々の業績を上げ、女性としてロシア最初の大学教授となった。

1918年にアメリカ南部のウェストヴァージニア州で生まれたアフリカ系アメリカ人、キャサリン・ジョンソン（旧姓コールマン）は、幼いときにものを数えることの面白さに取り憑かれ、何でも数えるようになった。学校に入ってからは数学に飛びぬけた才能を発揮。アフリカ系の子弟には教育の機会が限られていた時代だったが、奨学金を得て数学を学び続け、やがてNASAで宇宙計画の軌道計算を担当するようになった。彼女が数々の差別に直面しながら、NASAの人工衛星打ち上げに貢献していく姿は、2016年のアメリカ映画『ドリーム』（原題 *Hidden Figures*）にも描かれている。

現代アメリカの指揮者、ロバート・トレヴィーノは、クラシック音楽など誰も聞かないテキサス州の労働者階級の家に育った。しかし8歳のとき、ラジオから流れてきたクラシック音楽に惹かれ、ラジオの局を変えようとした父親を制止して、「自分はこれをやりたい」と宣言した。それから音楽の勉強を始め、世界的な指揮者になった。

テニス選手のノバク・ジョコビッチは、家族で誰もテニスをしないセルビアのピザ屋の家に生まれた。しかし6歳のとき、テレビでピート・サンプラスが優勝する試合を見て、自分もああなると心に誓った。その後、両親のレストランの壁に毎日何時間もテニスボールを打ち続け、めきめきと上達した。そして、ついには世界一のテニス選手になった。

彼らはみな、その夢を実現する上で必ずしも恵まれた環境に生まれ育ったわけではない。しかし子供のとき、あるものに夢中になり、それを追求し続けて大成した。ルメイも同様だ。家族や親戚にパイロットはおろか、軍関係者もいない。父親は職業が安定せず、家族はいつも貧しかった。それでも彼は自分の夢を抱き続け、ついにはその時代最高のパイロットの一人となった。その後の人生から判断して、彼は間違いなく天才だったと言える。

ただし、彼がその才能を存分に発揮したのは飛行機の操縦それ自体よりも、飛行機から爆弾を落とすことにおいてだった――いや、爆撃の作戦計画を立案し、実行に移すことにおいてと言うべきか。

実際家ルメイ

「ルメイが現実的《プラクティカル》でないとしたら何者でもない」（Kozak, 47）という文が彼の伝記には見られる。この上なく現実的で、実践を重んじるタイプだということだ。別の伝記には「プラグマティストでないとしたら何者でもない」（Tillman, 84）とある。プラグマティストとは実用主義、実利主義の人のこと。「実際家」と訳してもいいだろう。ルメイは究極の現実主義者であり、実際家だった。こうした性質は彼の軍隊生活において随所に、存分に発揮された。

彼を空軍のトップにまで押し上げた要因の一つと言っていいだろう。

これは彼の持って生まれた気質だった。パイロットになるという目標を立てると、それに向かって少年時代から現実的に取り組んだ。先述したように、貧しい家庭の出身である。「パイロットの養成学校に行かせてくれ」とはとても言えない。ならばどうしたらいいのか。ルメイの少年時代はその問題と向き合い、実践を通して解決していく日々だった。

カーティス・エマソン・ルメイは1906年11月15日、オハイオ州コロンバスで生まれた。父のアーヴィング・ルメイ（フランス系）、母のアリゾナ（旧姓カーペンター、イギリス系）は、どちらもオハイオ州南部の農場の出身である。

父は鉄道会社の職に就いていたが、何かが原因でそれを失い、大工や塗装など、いろいろな仕事をして食いつないでいた。そのため家族は住所も転々とした。オハイオ州内を幾度も引っ越しただけでなく、ペンシルベニア、モンタナ、カリフォルニアなどにも移り住んだ。

ルメイは7人きょうだいの一番上だった。きょうだいの一人は生まれたときに死んだため、実際には男3人、女3人の6人きょうだいである。家族の生活が不安定であるため、ルメイは幼い頃から家族を支えるという自覚を持っていた。

家族は1913年かその翌年に西部、モンタナ州に引っ越した。その大自然のなかでルメイは屋外の活動を愛するようになった。飛行機を見ることはなかったが、代わりにハクトウワシやタカが飛ぶ姿を目撃した。近くの湖でのマス釣りは、彼にとって楽しみというだけでなく、家計を助ける手段ともなった。極寒の冬、大型のマスを釣り上げ、母が家事をしている流しまで運んだ。父からは銃の扱い方、狩猟のしかたを教わった。ハンティングは彼の生涯の趣味となった。

膨らむ空への夢

続いて1915年、家族はカリフォルニア州のサンフランシスコ近郊、エメリーヴィルに引っ越した。父の兄弟の一人から、カリフォルニアなら仕事があると誘われたためだった。ところが家族が移ったときには、その兄弟は軍に召集されて不在だった。それでも、ルメイの父は缶詰工場の仕事を見つけた。

1915年はパナマ運河開通を記念して、サンフランシスコでパナマ・太平洋万博が開かれた年だった。ルメイも家族と博覧会を訪ね、「宝石の塔」など、壮麗な建築物を見て興奮した。博覧会の風景を撮った写真をバックに家族写真を撮った。背景には飛行機が2機飛んでいる。

そして、本物の飛行機が飛ぶ姿も見ることもできた。飛ぶ飛行機を見るのはオハイオの幼年期以来2度目である。飛行士は「空を所有する男」と呼ばれた曲乗りの名手、リンカーン

・ビーチー。彼が複葉機で金門海峡を横切るのを見て、ルメイは飛行機の美しさや力強さに感動した。ただし、ビーチーはそれからしばらくして、新型の単葉機でサンフランシスコ湾の上を飛び、空中で翼が落ちたために墜落死した。飛行機の危険性もルメイの心に刻まれたはずだ。それでもルメイは、子供の頃よく空を見上げ、「彼（ビーチー）が生きて、飛んでいるとき、どんな気持ちだったのだろうと考えた」と述べている（LeMay & Kantor, 23-24）。

博覧会場での家族写真
（左端がルメイ、LeMay&Kantor）

少年時代、ルメイは空気銃にも夢中になった。１丁の銃を近所の子供たちと共有し、小鳥を撃っていた。すると、近所の老婆から、１羽につき5セント出すので、スズメを撃ってくれと頼まれた。自分の年老いた猫にスズメを食べさせたいというのである。すでに射撃の名手となっていたルメイは、子供たちの誰よりも金を稼いだ。ルメイにとって、初めて自分の技術によって金を稼いだ経験だった。

続いて家族が移ったペンシルベニア州ニューブライトン（ピッツバーグ近郊の工業地帯の町）で、ルメイは新聞配達を始めた。８種類の新聞を手押し車に載せて運ぶきつい仕事だった。雇われて定期的な仕事をするのは初めてである。これ以降、ティーンエージャー時代の彼は常にアルバイトをし、家計を助けるとともに、自分の学費を捻出していった。強い責任感を持ち、最善の現実的な道を見出して目標達成を目指す。将来のルメイと同じ姿勢で物事に取り組んでいったと言える。

1919年、一家はオハイオ州コロンバスに戻り、その翌年、ルメイは高校に進学した。ここでもルメイは新聞配達をし、さらに貯金して自転車を買うと、電報の配達員もした。このように自分のものはすべて自分で払っていただけでなく、母親にも金を渡していたという。そのためボーイスカウトの活動や、学校のクラブ活動などにはあまり参加できなかった。女の子との付き合いもなかったようである。実際家の彼にとって、こうしたことは二の次だった。

この頃、無線受信器作りにも熱中した。バイトで稼いだ貯金をはたいて材料を買い、鉱石《クリスタル》・受信器《セット》を作った。そしてデイトンやシンシナティなどの局から送られてくる生の声に耳を傾けた。ほかにも銃やエンジンなど、機械をいじることは大好きだった。約50年後の彼は、いまでも機械いじりが好きで、カラーテレビも組み立てたと自慢している（LeMay & Kantor, 31）。こうしたことが軍隊生活に役立ったことは言うまでもない。

同じ時期、彼は初めて飛行機で飛ぶ経験をした。地方回りをする曲乗り飛行士がコロンバス近郊に現われ、5ドルで5分間、ウェイコ社の複葉機に乗せてもらえたのだ。ルメイは友人と半分ずつ金を出し合い、初めて空を飛行した。自分のよく知っている景色が小さく見える。そのことに魅了されているうち、飛行はあまりにもあっけなく終わった。

「自分はいつの日か飛行機で飛ぶ……絶対に飛ぶんだ……どこにでも好きなところに行き、好きなところに飛び、好きなだけ飛んでいられるようになりたい。そして、楽しむんだ」

ルメイはそのときの決意を回想録でこう書いている。しかし同時に、「よく考えてみれば、自分は楽しみだけのために飛行機に乗ったことはない」と言う（LeMay & Kantor, 34）。彼にとって飛行は仕事になってしまったのだ。

予備役将校訓練課程

高校の卒業を間近にして、ルメイは進路に迷った。飛行訓練を受けたいのなら、軍隊に入るのが近道だ。しかし、アルバイトで何とか学費を払っている高校生にとって、エリートの集まるニューヨーク州ウェストポイントの陸軍士官学校は敷居が高い。そこで彼はオハイオ州立大学の予備役将校訓練課程に入ることを選んだ。これは一般学生に混じって授業を受けながら、軍事訓練を受けるプログラムだ。卒業後の数年間、軍役に就くことが義務づけられる代わりに、学費の援助が受けられる。

ルメイ家で大学に行ったのは彼が初めてだった。ここでも自力で学費を稼がなければならない。彼は鋳鉄工場のアルバイトを見つけ、週6日働き始めた。午後5時に出勤し、午前2時か3時まで働く。週給35ドルは、当時としては高いほうだった。仕事は気に入ったが、睡眠時間が確保できないのがつらかった。朝9時からの必修授業で眠ってしまい、単位が取れない。そのためにルメイの大学卒業はずっと遅れることになった（LeMay & Kantor, 38）。

大学在学中の1927年、チャールズ・A・リンドバーグが大西洋単独横断無着陸飛行に成功し、これによってアメリカじゅうで飛行機やパイロットへの関心が高まった。大学4年のとき、陸軍航空隊の一団がコロンバスまで飛んできて野営し、それを大勢の人が見物に行った。ルメイも仲間たちと行き、隊員たちの一挙手一投足に夢中になった。ルメイは「その後ずっと、彼らの革のヘルメットやゴーグルが目に浮かび、エンジンの音が聞こえてきた」と述べている（LeMay & Kantor, 41）。

このときルメイはあと少しで工学の学位が取れるところまで来ていた。これからどうするか？　陸軍航空隊学校に入りたいと思ったが、それは超難関だった。100人程度の募集に3千人が応募するのである。しかも、入学した100人のうち25人程度しか卒業できない。どうやって突破するか。ルメイの伝記作家は、このときルメイがやったことに、彼らしい才能を見て取る（Kozak, 14）。目標の達成に全神経を集中させ、必要な準備をしてぶつかる。

まずは情報収集だ。ルメイは1928年に予備役将校訓練課程を終えた。最優等で予備役になったのだが、それでも航空隊学校に入れる優先順位では7位にすぎない。陸軍士官学校卒業生が上位を占めるためだ。しかし、州兵になれば優先順位が2位に上がることを知る。そこでルメイはコロンバスにある州兵のオフィスに行き、そこにいた将軍に、率直になぜ州兵になりたいかを話した。将軍は彼の熱意に打たれ、たまたま空いていたポストに彼を入れてくれた（LeMay & Kantor, 43）。

あとは航空隊学校からの入学許可を待つだけだった。州兵の義務を週1回果たしつつ、鋳鉄工場でのバイトも続けた。ところが、いつまで経っても入学願書への返事がなく、9月になった。例の朝の授業を落とし続けているために、大学の単位は取り切れておらず、オハイオ州立大学の次学期の授業を取るかどうか決断しなくてはならない。一つの授業のために授業料を払いたくはない。そこでルメイはワシントンの陸軍省に電報を打ち、11月の航空隊学校のクラスに入れるのかどうか問い合わせた。その後何度も経験する、ワシントンの非能率的な役所仕事の洗礼を受けたのだ。こうして督促することにより、彼はようやく入学許可の知らせを得ることができた（LeMay & Kantor, 45）。

同じ予備役将校訓練生のグリズウォルドという友人も入学許可を待っていた。ルメイはグリズウォルドに自分がやったことを教え、グリズウォルドも陸軍省に問い合わせて、入学が許可されていることを知った。1928年10月、2人は一緒にカリフォルニア州リヴァーサイド郡にあるマーチ航空隊基地に向かった（LeMay & Kantor, 46）。

22歳の誕生日を目前にし、カーティス・ルメイはいよいよパイロットへの第一歩を踏み出したのである。

第2章
空を飛んだドードー——陸軍航空隊

訓練の最初の月は、私の人生で最も長いひと月だった。地上での教習ばかりだったのだ。基本的なフィジカルのトレーニングと、航空力学の講習——エンジンや燃料のシステムといったものがすべてだった。それなのに、我々のすぐそばにPT3訓練機がずらりと並び、白と金の機体が華やかに光っているではないか。我々はあれに乗りたくてたまらなかった。

機会は皆無だった（LeMay & Kantor, 54）。

マーチ航空隊基地

ルメイとグリズウォルドを乗せた汽車は、シカゴからカリフォルニアに着くまでに2日かかった。その間、航空隊学校に向かう士官候補生が少しずつ乗りこみ、最終的には8人になった。彼らは一緒に食事し、自分たちの前途に胸を躍らせて、ずっとしゃべり続けた。リヴァーサイドに着いたのは午前5時半だった。

ルメイが訓練を受けたコンソリデーテッド社製の訓練機、PT3

薄暗い駅に彼らを出迎える者など誰もいなかった。マーチ航空隊基地がどこにあるのかも、誰も知らない。そこでグリズウォルドが基地に電話をして指示を仰いだ。「9時半に我々のトラックが郵便局に行くから、それに乗れ」というのが指示だった。8人は近くの食堂に入り、コーヒーを飲んで時間をつぶした。

ようやく郵便局に来たトラックに乗って基地に着いたものの、そこには厳しい現実が彼らを待ち受けていた。兵舎が足りず、新しい士官候補生たちはテントに住まわせられた。食事は、量は豊富なのだが、味がまずかった。ルメイは、「自分がそれをできる地位に就いたら、こういうひどい食事を何とかしようと誓った」と書いている（LeMay & Kantor, 54）。彼は後にそれを実現した。

新しい士官候補生たちはドードーと呼ばれた。ドードーとは空を飛べない鳥で、姿も醜く、人間による乱獲で17世紀に絶滅した種である。約100名の士官候補生のうち、4分の3はふるい落とされ、飛行士になれずに終わる。それをからかっての命名だった。ルメイは何が何でも残ろうと決意していた。

訓練が始まったが、最初はフィジカルのトレーニングと講習ばかりだった。すぐそこにはPT3という訓練用の複葉機がずらりと並んでいる。それに乗れるようになるまでの1カ月は、ルメイにとって人生で最も長い1カ月だった。

飛行訓練

その後、士官候補生たちは5人ずつのグループに分けられ、飛行訓練を受けた。ここでルメイは貧乏くじを引いた。彼に割り当てられた教官、ピーウィー・ホイーラーは、意地悪な人ではないし、優秀なパイロットだったのだが、教える能力に欠けていた。優れた技術を持ちながら、それを伝える能力のない人が多くいるのは悲しい事実であると、ルメイは後に述べている（LeMay & Kantor, 55）。ほかの4人は早々にふるい落とされ、次に割り当てられた3人も残らなかった。ルメイは何とか最終の飛行テストを受けるところまで来た。

ところが、ここでもルメイは貧乏くじを引いた。一緒に複葉機に乗り込んだレッド・マッキノンが、マーチ基地でも伝説に残るほど厳しい試験官だったのだ。ルメイの操縦で飛び上がると、マッキノンはすぐにエンジンを切った。ルメイは着陸可能な空き地が右側にあることに気づき、その方向に機体を傾けた。ところが、これはマッキノンから見て誤りだった。エンジンが切れたときは、失速を避けるために、機体をまっすぐに保たなければならない。これがマッキノンの考える順守すべき原則だった。ルメイが選んだやり方でも着陸できたであろうが、マッキノンにとっては原則がすべてだった。

ほかにも、マッキノンが求めたことをルメイはうまくできず、試験が終わった。着陸したとき、マッキノンはとても怒っているように見えた。ルメイはこれで軍人としてのキャリアが終わったと思った。コロンバスに戻る汽車の汽笛が聞こえるような気がしたという。ところが、マッキノンは首を振り、「おまえをどうしたらいいのかわからん」とつぶやきながらも、「まあ、次に送ることにしよう」と言った（LeMay & Kantor, 58)。おそらくマッキノンは、ルメイに天性の才能があることを直感したのだろう。

次の訓練のために、ルメイはテキサス州のケリー基地に向かった。ここでは、デ・ハヴィランドやダグラスO2といった、最新の飛行機で訓練を受けることになった。彼の教官になったジョー・ドーソンは、ホイーラーとは対照的だった。パイロットとしての技術はホイーラーほどではないにしても、コツを教えることに長けていたのである。彼の下でルメイは熱心に学び、パイロットとして上達していった。言われたことを忠実にこなし、ほかの者たち

1929年のルメイ（©US Air Force）

のように基地の外で遊ぼうとはしなかった。

ルメイは１９２９年10月12日、ケリー基地での訓練を修了した。この１週間後に世界大恐慌が始まる。しかし、すでに少尉になっていた彼にとって、不況の影響はほとんどなかった。家族への仕送りは続けていたが、生まれて初めて、金銭面の心配をせずに暮らせるようになった。彼はミシガン州セルフリッジ基地の追撃群団に配属された。そこでは編隊を組んで飛ぶ訓練をし、機銃射撃や模擬爆弾の投下練習をした。

演習以外の時間は、飛行のデモンストレーションに費やされることが多かった。航空ショーや、ときには空港の開港セレモニーなどで、編隊を組んだ飛行を披露するのである。飛行機への関心を高めるのが狙いだったが、航空隊にとっても、自分たちの意義をアピールするよい機会だった。戦争で飛行機がどれだけ使えるのか、どのように使えるのか、まだはっきりしていない時代である。空軍は独立しておらず、航空隊として陸軍に属していた。航空隊の充実を図るためにも、その能力を知ってもらう必要があったのだ。

生涯の伴侶

1931年春、ルメイは生涯の伴侶に出会った。ヘレン・メイトランドという、クリーヴランドの企業弁護士の娘である。

これまで女性との付き合いがほとんどなかったルメイだが、このとき珍しくブラインドデートに応じることにした。相手はアナーバーのミシガン州立大学に通う女子大生2人。ルメイと友人が彼女たちに近づいていくと、女子大生の一方が友人に、「私、あの太ったほうでいくわ」と囁いたという (LeMay & Kantor, 79)。太ったほうとはもちろんルメイのこと、それを言ったのがヘレンである。

ルメイもひと目で彼女を気に入った。明るくて社交的なヘレンは、ルメイとは好対照だった。ルメイは口数が少なく、ぶっきらぼうな言動をし、仏頂面をしていることも多い。だからこそ彼女に惹かれたのだろう。ヘレンが話しやすい相手だったために、ルメイも胸襟を開くことができたのだ。彼にとって、ヘレンは自分の欠点を補ってくれる存在でもあった。

このときルメイは一つのことで迷っていた。大学に戻って学位を取るかどうかである。戦争のない時代、軍隊での昇進は遅い。基本的に年功序列で、歳を重ねて順番を待つしかない。

しかし、大学卒という学歴があれば、多少早くなる。ルメイは朝の授業のために卒業できずにいたが、１学期だけオハイオ州立大学に戻り、その授業を取れば、卒業できる。

ルメイは最初のデートのとき、このことについてヘレンに率直に相談した。彼女はこう答えた。「自分の資質を最高に生かさなきゃいけないわ、それが何であってもね。そして道を見つけるの」（LeMay & Kantor, 80）。この言葉に触発され、ルメイは道を見つけた。コロンバスのノートン基地に空きさえあれば、短期間だけ転属することができる。そのあいだにオハイオ州立大学で授業を取ればよい。

１９３１年10月、ルメイはノートン基地に移り、オハイオ州立大学の秋学期の授業を取った。午前は平服で授業に出て、午後は制服に着替えて基地に通う。卒業論文には、自分がノートン基地の飛行機に乗れることを生かし、その地域の航空写真による地図を作った。この技術は後年、航空偵察をするときにも役立った。翌３月、ルメイは土木工学の学位を取得し、大学を卒業した。

ヘレンとルメイはその後、数年の交際を経て、１９３４年６月９日に結婚した。１９３９年には、一人娘のジェイニーが生まれている。ルメイは戦地にいるときも、ヘレンに手紙を書くことを欠かさなかった。特に彼が太平洋戦争前夜からその終結後数十日までに書いた手紙は、いまとなっては貴重な資料となり、*From Wright Field, Ohio, to Hokkaido, Japan* とい

う本にまとめられている。（Hegi & Hurley）

1931年、ルメイには民間航空会社から就職の勧誘があった。不況とは言え、航空業界は事業を広げており、パイロットを必要としていたのだ。ルメイが話を聞いてみると、航空隊の6倍の給料がもらえるという。ルメイの心は揺らいだが、結局軍にとどまる決意をし、友人にこの話を譲った。父親の職業が安定しなかっただけに、軍という大きな組織に属していることが彼には安心だったのだ。そして、軍の規律正しい生活は彼の性分に合っていた。

このときルメイが民間航空会社に移っていたら、きっと優秀なパイロットになったことだろう。後進の指導にも大きな成果を残したはずだ。そして歴史は、特に太平洋戦争の歴史は、もしかしたら大きく変わっていたかもしれない。

ニューディール政策と航空隊

1933年1月、フランクリン・デラノー・ローズヴェルトが大統領に就任した。就任演説で彼は「恐れるべきことは恐れることだけ」と訴え、大胆な不況対策を取ることを宣言。その政策は「ニューディール」と呼ばれた。

国民の多数に歓迎された政策だったが、軍にとってはあまりありがたくなかった。そもそも軍の予算が削られた。第一次世界大戦後、アメリカは平和を謳歌し、戦争に関する切迫感はなかった。軍備の充実より、不況対策のほうがずっと差し迫った課題だった。

まずは「ニューディール」の目玉政策であった市民保全部隊（ＣＣＣ）に軍人たちが駆り出された。これは、失業中の若者たちを使って、植林や道路建設、土地改良などを行う公共事業である。その監督役を軍人が引き受けなければならなかったのだ。

ルメイもこの仕事を割り当てられた。本人は大いに不満だったようである。それでも彼はセルフリッジ基地から２００マイル以上離れたミシガン州ブレズレン近郊のキャンプ地に赴いた。そこに集まっていたのは、おもにデトロイト近郊の工業地帯で職にあぶれた若者たち。多くはポーランド系の移民で、荒っぽい者が多かった。そのなかで、ルメイは天性のリーダーシップを発揮することになる。

ルメイが最初にやったことは、若者たちのなかで責任感の強いタイプを選び出し、彼らにチームをまとめさせることだった。それでも若者たちのなかで喧嘩が起きると、その者たちにボクシングをやらせて発散させた。こうして彼らに規律を叩きこんでいき、次第に尊敬を集めるようになった。この経験が将来、軍のなかで指導者的な立場に立つようになったとき、大いに役立った。

航法を学ぶ

ルメイは1933年夏にこの仕事から解放され、ヴァージニア州ラングレーの航法《ナビゲーション》学校に送られた。航法とは航路を指示することだが、当時は操縦士《パイロット》と航法士《ナビゲーター》が分かれていなかった。そして操縦士が位置を知るためには、まだ磁石程度の機器しかなかった。あとは線路や道路を目で見ながら、目的地に向かうのである。これだと、洋上などを飛ぶのは難しい。新しい航法システムが必要なのは明らかだった。

アメリカはオーストラリア人の高名な操縦士で航法士のハロルド・ギャティを招き、新しい航法のシステムを学ぼうとした。「天測航法」と「推測航法」とを組み合わせたものである。「天測航法」とは、船乗りが何世紀も前からやってきたように、天体を観測することで位置を特定する方法。「推測航法」とは、速度と進んでいる方角から位置を割り出す方法だ。ギャティのシステムによって「我々は新しい時代に入った」(LeMay & Kantor, 95) とルメイは語っている。

もっとも、ルメイは「ギャティはあまりいい教師ではなかった」とも言っている。ギャティ本人から学べることは少なかったようだ。しかし、ルメイの好奇心は刺激された。彼は何でも吸収し、自分の向上につなげようという男である。その後も貪欲に学び続け、機会をとらえて自ら飛んで試すことで、後にアメリカでは最高の航法士と言われるほどになった。

航空隊の飛行機に郵便の袋を積み込む兵士たち (LeMay&Kantor)

郵便配達

ラングレーでの航法の講習を終えてセルフリッジ基地に戻ったルメイに、ローズヴェルト政権から新たな任務、いや、試練がもたらされた。郵便の輸送である。１９３４年2月、航空郵便の輸送を担っていた民間航空会社が値下げに応じないことに業を煮やし、ローズヴェルトは陸軍航空隊に郵便の輸送を命じたのだ。

これは明らかに、航空隊の地位の低さを反映していた。戦争に飛行機が使われた歴史はまだ浅く、どこまでやれるのかは未知数だった。アメリカの場合、二つの大洋に本土を守られているため、よけいに空軍は不要という考えがあった。陸軍と海軍の上層部は、自分たちだけで防衛はできると考え、飛行機による戦争を本気で考えようとしなかった。アメリカが航空戦において、ドイツや日本に遅れを取ったのは、そういう事情からだと言われている。

ともかく、こうして航空隊が郵便の輸送をすることになったのだが、これは大失敗だった。充分な準備期間も与えられずに始めたため、どこに郵便の袋を入れるのか、どういうルートで飛ぶのかも不確かなままだった。そもそも使われた飛行機の多くは戦闘のためのもので、輸送のためのものではない。郵便の袋を入れるスペースなど用意されていない。詰めこめるところがあればどこにでも無理に詰めこむのだが、袋が見つからなくなってしまうこともあった。

しかも、兵士たちには郵便輸送のための手当てが出なかった。充分な食料も寝る場所も与えられず、彼らは暖房のない格納庫で寒さを凌ぎ、自費で貧しい食事をした。連邦議会が彼らの窮状に気づいてわずかばかりの手当てを出すようになるのは、1カ月ほど経ってからのことである。このようにずさんな計画に基づく業務を与えられ、1934年の2月から6月のあいだに、軍の飛行機の65機が墜落し、12人のパイロットが死亡した。

ルメイはヴァージニア州のリッチモンドからノースカロライナ州のグリーンズボロのルートを割り当てられた。吹雪のなかを突っ切って飛ぶこともあった。この郵便輸送について思い出すことと言えば、天候不良で飛び立てず、格納庫で寒さを凌いでいるとき、整備士たちが温めてくれたシチューだと後に語っている（LeMay & Kantor, 101）。

ローズヴェルト政権が失敗に気づき、郵便輸送の委託を民間航空会社に戻したのは、同じ年の6月になってからだった。

ハワイ、ホイーラー基地

ルメイは1934年6月にヘレンと結婚し、すぐにハワイに送られた。オアフ島ホイーラー基地の第6追撃群団に配属されたのである。基地内の住宅は、少尉という身分の彼には空いておらず、海岸の小さなコテージに住まわせられた。ハワイでは人員不足のために、通信や作戦、技術部門から食堂の管理まで、あらゆる仕事をした。

ルメイは航法の講師も務めた。しかし、週に1時間、陸地で教えるだけではまったく不充分であると気づき、上層部にかけあって、航法の学校を作ることにした。そして、やはりギャティの下で学んだジョン・イーガンとともに、陸地での講習と実地の飛行を通して、若い兵士たちに航法を教えた。授業の準備のため、ルメイは毎晩ヘレンを伴って海岸を散歩し、星座を見上げては、ヘレンに持たせた懐中電灯の光で計算をした。これによって彼は教える以上に多くを学んだ。

この年、ルメイは中尉に昇進した。これによってようやく基地内の広い家に住めることになった。しかし、そのためにかえって陸軍の厳しいドレスコードに縛られ、夜でも正装しなければならなくなった。ルメイは窮屈な思いをしたようである。

ルメイが爆撃機の可能性に目覚めたのはこのハワイ駐留のときである。これまで練習用の爆弾は落としたことがあったが、ハワイでは実爆弾を落とす訓練をした。「落とした瞬間の興奮はいまだに覚えている」(LeMay & Kantor, 118) と書いている。しかし、そのこと以上に、彼は熟慮の末、自分がいま乗っている追撃機(後に戦闘機と呼ばれるようになる)よりも爆撃機の有効性のほうが高いと結論づけたのである。

「戦闘機は防御のための武器として発展した。それでどうやって戦争に勝てるだろう?」とルメイは問いかける。「敵の前線を大きく飛び越え、戦場の軍隊だけでなく——前線近くの補給品や燃料の集積所、戦車の集結地点だけでなく——さらに敵の本土深くまで入りこみ、敵の基本的な戦争遂行能力を徹底的に破壊できるものは何であろう? 爆撃機だ。爆撃機以外の何物でもない」(LeMay & Kantor, 124)

航空隊自体も戦闘機から爆撃機へと重点を移しつつあった。そうなれば、豊富とは言えない予算が爆撃機のほうに注ぎこまれる。そして、最新式の爆撃機が配備されることになる。これに乗らない手はない。

2年半のハワイ駐留を終え、アメリカ本土に戻されるとき、ルメイはラングレー基地の第2爆撃群団を希望し、受け入れられた。1936年のクリスマスをルメイは家族とともに本土で迎え、それからラングレー基地に出頭した。爆撃機のパイロットとしての第一歩を踏み出したのである。

第3章

最高の航法士——爆撃群団での躍進

私はひと目でB17に恋に落ちた。双発エンジンのB10とB18では、B17にまったく敵わない……ほんの6年後には、私はヨーロッパ大陸での戦闘において、この「空の要塞《フライング・フォートレス》」の航空師団全体を率いることになる。B17を見限り、それより大型で最新の姉妹機、ボーイングB29に注意を向けざるを得なくなるのは、1944年になってからのことだ（LeMay & Kantor, 131）。

空の要塞

アメリカの陸軍にその一部門として陸軍航空部隊（Army Air Service）が設置されたのは、第一次世界大戦中の1918年5月のこと。1926年には陸軍航空隊（Army Air Corps）と改称された。その先駆者であるウィリアム（ビリー）・ミッチェルらは、空軍独立の必要性を強く訴え、戦艦を撃沈するデモなどを行ったが、政府は受け入れなかった。第一次世界大戦後、アメリカには平和が訪れ、空軍の充実が急務であるとは考えられなかった

B17

のだ。

ミッチェルのあとを継いだフランク・アンドルーズ、カール・〝トゥーイ〟・スパーツ、ヘンリー・〝ハップ〟・アーノルドら、1930年代から40年代の航空隊のリーダーたちは、こうした扱いに抵抗し、戦力の充実を求め続けた。空軍の独立は彼らの悲願だった。しかし、日本やドイツが空軍力を充実させていくなかで、アメリカの陸軍航空隊は弱小組織のままだった。1941年6月に陸軍航空軍として編成しなおされるが、12月の真珠湾攻撃の時点でも、陸軍の地上軍の人員が17万人、海軍が14万人なのに対し、航空軍はわずか2万人だったという（鈴木51）。

1930年代、イタリアやドイツの独裁政権が力をつけてくると、ヨーロッパにきな臭い空気が漂い始めた。戦争が近いかもしれない。アメリカがその戦争に関わるとすれば、航空隊の実力を見せるいい機会である。そのためには、ヨーロッパの空軍に負けない最新兵器が必要だ。航空隊の上層部は爆撃機を充実させようと、最新モデルの開発を航空機メーカー数社に依頼した。

彼らがメーカーに求めたのは、1万フィート（3千メートル）の高さを飛べ、時速200マイル（320キロ）を出せ、2千マイル（3200キロ）の距離を燃料の補充なしに飛べるものだった。この難しい要求に見事に応え、航空隊の主要爆撃機となったのが、ボーイング社のB17だった。それは、航空隊の要求を超えていた。750馬力のエンジンを4発搭載し、時速は235マイル（380キロ）出せた。B17は「空の要塞《フライング・フォートレス》」と呼ばれた。

とはいえ、1935年7月の最初のテスト飛行以降、B17は繰り返し事故やトラブルを起こした。こうした不具合を解決していき、ラングレー基地にB17が届けられたのは1937年3月1日のことだった。ハワイ時代にすでにこの爆撃機の評判を聞いていたルメイは、実物をひと目見て「恋に落ちた」のである。

ロバート・オールズの教え

実を言えば、ルメイの追撃群団から爆撃群団への異動がすんなりと認められたのは、上層部に思惑があったからだった。ラングレー基地に出頭し、ルメイはそれを知った。彼らはルメイが爆撃群団に航法を教えることを期待していたのである。ハワイでの航法学校の評判はここまで届いていたのだ。

しかし、これにはルメイが抵抗した。自分はまだ爆撃機について何も知らない。それを学ぶほうが先ではないか。そう上層部に訴えた。ちょうどこのとき、ジョン・イーガンもラングレーに移っていたので、彼こそが適任だとルメイは推薦した。上層部もそれに同意し、ルメイはB17を操縦する側にまわることになった。

ラングレー基地で、彼は一人の将軍の下で働くことになり、大きな影響を受けた。第2爆撃群団の司令官、ロバート・オールズ中佐である。すでに第一次世界大戦のときに爆撃機で飛んでいる、この部門のパイオニア。ビリー・ミッチェルの薫陶を受け、空軍の独立を強く主張する者の一人だった。ルメイは彼から、生涯心に刻むことになる心構えを学んだ。それは「常に戦争に出られる準備を整えていろ」ということである。

「航空隊の目的は、戦争のときに飛んで戦うことに尽きる。そのために、どんなときであれ戦争が起きたら、飛んで戦えるように準備をしておかなければならない。すぐに戦えることこそ、オールズが自分の部下と装備品に求めたものであった」(LeMay & Kantor, 131)

ルメイはこう回想している。そして彼は今後、自分の部下にもこの心構えを求めていくことになる。

ルメイは第2爆撃群団の第49中隊の作戦将校補佐となり、格納庫の1階のオフィスを割り当てられた。オールズのオフィスは2階にあった。オールズは誰よりも早く職場に来る男で、毎朝ルメイのオフィスの横を通り過ぎる。ルメイはそれよりも先にオフィスにいるように心がけた。

最初のとき、オールズはルメイのオフィスを通りがかりにこう訊ねた。「ルメイ、今日の天気予報はどうなっている？」ルメイはその情報を集めていなかった。オールズは彼を叱咤した。

「おまえは作戦将校だろう？　今日、作戦があったらどうする？」（LeMay & Kantor, 132）

これはもちろん、ラングレーの天気予報だけではない。作戦が開始されたとき、飛んでいけるすべての地域の情報だ。その後、ルメイは必ず天気の情報を集めて席に着くようになった。

ルメイがオールズを、そしてさらに上にいたフランク・アンドルーズ将軍を深く尊敬したのは、彼らが卓越したパイロットだったからでもある。彼らは自分にできないことを部下に求めはしなかった。自分が先頭に立って飛んだ。ルメイもその後、それを心がけるようになる（LeMay & Kantor, 135）。

ユタ号爆撃演習

このとき航空隊は新しいB17を使い、自分たちの戦闘能力を広くアピールする機会を求めていた。航空隊が海軍に合同演習を要請すると、海軍は重い腰を上げ、カリフォルニア沖で爆撃の演習をすることになった。航空隊が8機のB17を含む編隊で24時間以内に海上の軍艦ユタ号を見つけ、水を入れた爆弾を落とすというものだ。海軍にしてみれば、飛行機による攻撃など自分たちの軍艦には無力であると思っていた。この演習にオールルズはルメイを航法士として起用した。

1937年8月12日、演習が始まった。ルメイの乗るB17の操縦士はカレブ・V・ヘインズ少佐、副操縦士がオールルズである。太平洋上に飛び立った彼らのB17に、ユタ号の位置に関する海軍からの情報が伝えられた。レーダーのない時代である。航空隊は海軍から与えられた座標の数値を頼りにするしかない。ルメイが計算し、すでに近くにいるはずだと考えた。そこで雲の下まで降下してみると、そこには何もない海が広がっていた。編隊は広がってユタ号を探したが、見つからないままその日の演習は終わった。副操縦士席に座っていたオールルズに叱責されたが、ルメイは自分の計算が絶対に正しかったという自信があった。おそらく海軍はわざと違う位置を知らせたのだろう。そう彼は考えた。

そのとおりだった。海軍が座標の数値を一つ間違えて送ったと認めてきたのだ。座標で一度の差は、距離にすれば100キロ違う。これで見つかるはずがない。

次の日、もう一度チャンスがあった。ところが、この日は深い霧がサンフランシスコ沖を覆っていた。海軍からの位置情報が得られないまま離陸し、海上を飛んでいるときに座標の数値が来た。ルメイが計算すると、演習の終了期限までにそこには到達できないことがわかった。オールズは怒ったが、どうすることもできない。ともかくその場所を目指して飛行を続けた。たとえ期限後であったとしても、ユタ号を見つけられればいいと考えたのだ。

すると終了10分前、眼下に軍艦が現われた。ユタ号だとすれば、その船上の兵士たちは演習に備えて下に避難しているはずである。しかし兵士たちは甲板に出て、くつろいでいる様子だ。空からの攻撃を警戒する様子はまったくない。それでも、ルメイらは旗からこの軍艦がユタ号であることを確認し、水爆弾を投下した。3発が命中。ユタ号の甲板では兵士たちが慌てて逃げまわった。3、4人死んだという噂もあるとルメイは言っている（LeMay & Kantor, 150）。

どうしてこのようなことになったかというと、海軍はまた座標の数値をわざと一つずらして知らせていたのだ。しかし、今回はそれが航空隊に味方した。そのおかげで予想よりも早く、彼らはユタ号の場所にたどり着けたのである。

海軍はこの攻撃に対して抗議した。航空隊の編隊が霧から出てきたのはほんの500フィートの高度においてであり、これでは軍艦は回避行動を取ることができない。飛行機が見えていれば、ユタ号は回避行動を取ったはずであり、爆弾が当たるはずがない。この演習は何も証明していない。

これに対してオールズは、ならばもう一度演習をしようと申し入れた。天気予報によれば、翌日は霧が晴れるという。そこで3度目の演習が行われ、航空隊のB17は霧のない8千フィートの上空からユタ号に近づいた。ユタ号は回避行動を取ったが、ルメイらのB17は水爆弾を命中させた。

この演習は、海上の軍艦を空から攻撃することが有効であると証明した。しかし、海軍はそのことを認めたがらなかった。演習が行われたことは極秘とされ、記録にも詳細は省かれた。航空隊にも、これを宣伝に使うことはまかりならぬとされた。それでも、彼らには自信になった。そして、ルメイの航法士としての能力も広く認められた。

ちなみに海軍のユタ号はこの4年後、ハワイの真珠湾で日本軍により撃沈される。

航空隊PRのミッション

海軍との演習は公にされなかったが、その半年後、航空隊は国民にアピールするいい機会を与えられた。1938年2月、アルゼンチンの新大統領の就任に敬意を表するという目的

レックス号に迫るルメイのB17（©US Air Force）

で、航空隊のB17がその就任式の地を訪問することになったのだ。ヨーロッパでの戦争が現実味を帯びてきており、アメリカ政府としても、自分たちの空軍力を見せつけたい思いがあったのである。オールズがこのミッションを引き受け、ルメイを航法士のチーフに任命した。

とはいえ、航空隊の爆撃機がここまで遠くに飛んだことはまだなかった。南アメリカの正確な地図や天気に関する情報なども準備できていない。ルメイは、米国地理学協会や民間航空会社などから必要な情報を収集した。実際に飛んでみると、高度1万2千フィートを飛ぶため、酸素欠乏症にも苦しめられた。こうしたことがすべて知識として蓄積されていったのである。6機のB17は無事にブエノスアイレスに到着し、大陸をまたいで飛行できる爆撃機であることを証明した。これは、イギリスからドイツを爆撃して帰還できることを意味している。

このあとも国民にアピールするためのミッションが二つ続いた。一つめは、同じ年の5月、ニューヨークの数百マイル沖を航行中のイタリア客船レックス号を見つけるというもの。これはあいにくの悪天候となったが、B17の編隊は豪雨と乱気流を切り抜け、ルメイが計算したとおりの時刻にイタリア客船を発見、急降下して証拠の写真を撮った。このことは広く報道され、抜群のPR効果を発揮した。

8月には、やはり親善の目的でコロンビアの首都ボゴタまで往復。高い高度での飛行や酸素の摂取についてさらに知識を蓄積した。どちらもカレブ・V・ヘインズが操縦桿を握り、ルメイは航法士のチーフとして参加した。アメリカで最高の航法士というルメイの評価は確固たるものとなった。

とはいえ、ルメイは満足していなかった。航法士として最高と言われても、彼はB17の操縦士になりたかったのである。そのためには大尉にならなければならない。年功序列の順番を待つのではなく、何か突破口が欲しかった。

第二次世界大戦勃発

1939年9月1日、ナチスドイツがポーランドに侵攻し、第二次世界大戦が始まった。

アメリカでは、ヨーロッパの戦争には介入しないという伝統的孤立主義がまだ浸透していたが、ローズヴェルト政権は戦争への備えを進めていた。陸軍航空隊は大きく拡充された。3億ドルの予算と6千機の軍用機をあてがわれ、人員は士官3200人、下士官4500人が増員された。「いま聞くと控えめな数だが、当時は巨大に思われた」とルメイは1960年代に語っている（LeMay & Kantor, 176）。

1939年12月、やはり親善目的で、B17の7機の編隊がブラジルを往復した。ここでもルメイは航法士を務めている。往復の距離は1万1千海里（約2万キロ）、かかった飛行時間は63・5時間、平均速度は約320キロ。B17の優秀性がここでも証明された。

実のところ、ヨーロッパでの戦争がルメイにとって突破口になった。ルメイは1940年1月、大尉に昇進し、B17の操縦士となった。1941年2月、第34爆撃群団に作戦将校として配属され、マサチューセッツ州のウェストオーヴァー基地に赴任した。北大西洋のルートでヨーロッパに飛ぶための起点として想定された飛行場である。じきにルメイは少佐に昇進。とはいえ、第34爆撃群団は、航空隊の多くの爆撃群団と同様、内実を伴っていなかった。飛行機も訓練された人員も足りず、これから来るのを待っている状態だった。

ウェストオーヴァーに配属されてすぐ、ルメイはカレブ・V・ヘインズからカナダのモントリオールに来るように求められた。民間人の服装をして、民間航空機で来いと言う。これはアメリカのＢ24をカナダからイギリス空軍に届けるという仕事のためだった。アメリカはまだ中立だったので、直接軍用機をイギリスに届けるわけにはいかない。連合軍を助ける際には内密にやらなければならなかったのである。

ルメイを含め、そこに集められた者たちは、誰もＢ24を操縦したことがなかった。それでもルメイはすぐにＢ24を気に入った。Ｂ17よりも速度と距離が出せるので、北大西洋の横断には適している。彼は一度操縦を試してみただけで、すぐに大西洋を横断するミッションを託された。カナダのハリファックスを発ち、ニューファンドランドで一度給油して、北大西洋を横断、スコットランドのプレストウィックに至る。寒さや機体にへばりつく氷、酸素の薄さに苦しむ飛行だった。ルメイは１９４１年の晩春から夏にかけて、これを何度も繰り返した。

アフリカルートの探索

１９４１年９月、ルメイは新しい任務を与えられた。南米からアフリカに至るルートを探索することである。ヨーロッパの空中で戦争をする可能性が出てくると、どのようにヨーロッパまで飛ぶかが問題となる。最短距離は北大西洋を通るルートだが、大西洋を横断する距離だけで言えば、ブラジルの東端からアフリカの西端へ飛ぶルートも近い。その試験飛行に、ルメイはヘインズらとともに起用された。操縦士としても、航空隊のトップレベルであると認められたのだ。

彼らは大西洋を横断してイギリス領のシエラレオネに着くと、その後も連合国側の支配地域を飛ぶようにしてスーダンからナイル川をさかのぼり、カイロに達した。そこで2週間ほど時間をつぶさなければならず、そのときにルメイらはイギリス空軍の兵士たちから戦争の話を聞く機会があった。攻撃を受けた戦闘機を見て、座席に飛び散る血を目の当たりにした。戦争がぐっと近くに感じられた。

この2週間で彼らの大半が赤痢に罹患してしまったため、帰りの旅はひと苦労だった。家に帰り着いたとき、ルメイは7キロくらい痩せていたという。快復までに3カ月かかった。

この時期、航空隊のアーノルド・クログスタッド准将がウェストオーヴァーを訪ねてきて、将校たちと話をした。そのなかで彼は、アメリカがすぐに参戦するので、準備を進めるようにと言った。これがルメイの心に深い印象を残した。しかし、「すぐに」といってもいつなのだろう？　どういう準備をしたらいい？　爆撃機も訓練された人員も足りない。そのための訓練のプログラムもない。自分自身、戦争で戦うための訓練を充分に受けているとは言えない。

戦争が怖い、死ぬのが怖いというのではない。その後のルメイの言動を見ても、そういう感情が働いているようには思えない。怖いとすれば、きちんと職務を果たせないのではないかという怖さだ。

ルメイは毎晩、どうすべきかを自問しながらベッドに入った。訓練のプログラムを作るのは作戦将校の役割だ。しかし、飛行機も装備も足りないなかで、どういう訓練プログラムを作ったらよいのか？

こうして彼は1941年12月7日を迎えた。

第4章

鉄の意志を持つ男
——戦争で戦える兵士たちを作る

あの忘れられない日曜日の午後、真珠湾への奇襲が唐突に起きたとき、我々の主だった反応は、現実にあり得ないという感情だった。（……）確かに、仲間の水夫や兵士たちがハワイで焼かれ、あるいは溺れて横たわっている光景には、美しいものはまったくない。しかし、少なくとも我々は安堵感のようなものも抱いていた。こうして我々は自分たちの進む方向をはっきりと知ったのだ。我々は戦争に向かっていく（LeMay & Kantor, 208)。

真珠湾攻撃

そのときカーティス・ルメイは車を運転し、基地から自宅へと向かっていた。日曜日の午後を、これから家族と過ごすつもりだった。ところが車のラジオのフットボール中継が突然中断し、臨時ニュースを伝えた。「日本軍がハワイの真珠湾を爆撃」

これを聞いたときの気持ちを、彼は主語を we にして語っている。彼だけでなく、航空隊

1941年12月7日、日本軍に爆撃されるハワイのホイーラー基地
(LeMay&Kantor)

みんなの気持ちだと言いたいのだろう。彼の言葉を直訳すれば、まず抱いたのは「完璧な非現実性の感情」——現実にあり得ないという感情だ。それから「安堵感のようなものも抱いていた」と言う。これまで戦争に備えろと言われながら、人員も装備品も充分に与えられてこなかった。これからは国を挙げて戦争に向かうことになる。こちらが望むような準備ができるようになるはずだ。

しかし、ルメイはすぐ基地に戻ろうとは思わなかった。基地に戻ったところで、混乱しているだけで、大したことはできないだろう。それよりも、この日は家族と昼食をしたいと思った。これから数カ月、あるいはもっと長い期間、家族とは会えないかもしれない。ジェイニーは2歳10カ月。可愛い盛りである。娘を記憶に刻みつけたいし、できることなら娘の記憶にも自分を刻みつけておきたい。

ルメイは家に戻り、妻に真珠湾のことを伝えた。それから家族3人でしばらく時間を過ごし、基地に戻った。

アメリカ参戦

ルメイが思ったとおり、アメリカは一気に戦争へと向かった。数日前の世論調査では、国民の大多数が参戦に消極的だったのに、真珠湾攻撃の直後にはその数字がひっくり返った。ローズヴェルト大統領は1941年12月7日を「汚名のうちに生きる日」と呼び、日本の奇襲攻撃を強く非難して、日本への開戦を求めた。連邦議会は圧倒的多数で第二次世界大戦への参戦を決めた。

若者の多くが日本と戦うために軍に志願した。ハーヴァード大学のロースクールにいたラルフ・ナッターは真珠湾当日のことをこう回想している。寮の部屋で勉強していると、廊下で軍隊式の行進を始めた者がいた。うるさくて勉強できないと文句を言うと、そのとき初めて真珠湾が攻撃されたことを聞かされた。みんな軍に志願する気満々である。ナッターも教科書や参考書をゴミ箱に放りこみ、翌朝、航空隊の徴兵事務所に行って志願した（Nutter, 3）。その後、ナッターはルメイの下で働き、回想録を書くことになる。

その日曜日の夜、基地に戻ったルメイは、ほとんどすべての爆撃群団が西海岸に送られるだろうという見込みを伝えられた。日本軍が西海岸に攻めてくるのではないかというのが、アメリカ政府の差し迫った懸念だった。それに何とか対処しなければならない。西海岸に住む日系アメリカ人はみなスパイの可能性があると見なされ、翌年の2月からは強制収容が始まった。

1942年1月、ルメイは中佐に昇進した。そして第34爆撃群団とともに、西海岸のオレゴン州ペンドルトン基地に送られた。航空隊の兵士を訓練するためにできたばかりの基地である。ルメイはオハイオ州にあるヘレンの実家に妻子を送り届けてから西海岸に向かった。

すると、すぐにオハイオ州のライト基地に戻れという電報が待っていた。B24のテスト飛行をしろというのである。すでにB24で大西洋を横断した経験が買われたのだ。ルメイの記憶によれば、ライト基地にB24は2機しかなかったが、何人かでそれをさんざん飛ばし、2月の終わりにオレゴンに戻った。

すると、4月からはユタ州ウェンドーヴァーにある陸軍航空隊基地に行けという命令を受けた。新しく作られた第306爆撃群団の司令官、チャールズ・B・オーヴァーラッカー大佐が、ルメイを副官にしたいと言ってきたのである。ルメイがこのようにあちこちに呼ばれたのは、もちろん彼の評価が高かったからだが、同時に軍がいかに準備不足であったかの現われでもある。急に戦争をすることになり、新しい組織が次々に生まれるが、経験のある将校が少ない。ルメイのような経験を持つ者は重宝されたのだ。

新兵訓練

ウェンドーヴァーに赴任し、ルメイはびっくりした。基地とは名ばかりの代物だったのだ。世界最速を競うカーレース、ボンネビル・スピードウィークで知られるボンネビル塩類平原《ソルトフラッツ》のど真ん中にあり、一番近い都市であるソルトレイクシティからも２００キロ離れている。設備は粗末な滑走路が１本あるだけで、格納庫も兵舎もなく、兵士たちはテントで暮らしていた（LeMay & Kantor, 210）。「若者たちを戦争の苦難に備えさせるには理想の場所」とルメイの伝記作家の一人は言う（Coffey, 13）。ここでの訓練に比べれば、戦争の最前線もそれほど悪くないと思えるからだ。

そこに送られてくるのは、まだ訓練もろくに受けていない新兵たちばかりだった。「なんと情けない人員だったことか」とルメイは言う（LeMay & Kantor, 211）。数カ月前まで農場のトラクターの席でうたた寝していた者たちを連れてきて、突然兵士に仕立てあげようというものなのだ。しかも、飛行機も装備品も充分にない。彼らをどのようにして一人前にするか。彼が生まれついての指導力をフルに発揮し始めたのはこの頃からではないか。規律とチームワークを重んじ、厳しい訓練のプランを作りあげて、兵士たちを鍛えあげる。

とはいえ、ウェンドーヴァーには短期間しかいなかった。６月には新しい第３０５爆撃群団の司令官として、ソルトレイクシティに呼ばれたのである。これは第306爆撃群団の双子の片割れで、基地が飛行機や装備に不足していることも、人員が訓練されていないこともウェンドーヴァーと似かよっていた。送られてくる新兵たちは、単発エンジンの飛行機で訓練してきた者たちばかり。4発のエンジンを搭載したB17を操縦したことがあるのは、ルメイも含めて3人しかいない。そして、訓練用のB17は4機しかない。

第306爆撃群団のときとの違いは、ルメイが初めて司令官となったということである。今回は自分の責任で、主導権を取って、部下たちを訓練できる。彼は1日24時間、週7日態勢の厳しい訓練プランを作りあげた。兵士たちは不平を言ったが、ルメイは取り合わなかった。数カ月したら、彼らはドイツや日本の鍛えあげられた兵士たちに立ち向かわなくてはならない。甘い顔をするわけにはいかない。

ルメイ以外にB17を飛ばしたことのある2人、ジョニー・デラッシーとジョー・プレストンは優れたパイロットだった。彼らとルメイは4機のB17を最大限使い、1日に8時間から12時間飛んで、新兵たちを徹底的に指導した。

ルメイは有能な部下を見つけ、彼らを適所で使うことにも優れていた。このような訓練をずっと続けるとしたら、機械のメンテナンスや備品の補充が常に必要となる。ルメイはそれらを担当する能力をベン・ファルクロッド二等軍曹とラルフ・コーエン大尉に見出した。ファルクロッドは整備班長の補佐で、B17のメカをすぐに理解した。また、第305爆撃群団がどのような装具を必要としているか、正確に予想して手配した。コーエンは弾薬や爆弾などが切れないように目を光らせた。

ミューロック航空隊基地

ところが、第305爆撃群団はじきに西海岸に移動させられた。日本軍の艦隊がハワイかミッドウェー島に向かっているという情報があり、それに対処するために、いくつかの爆撃群団が西海岸の警備に回されたのだ。第305爆撃群団はワシントン州のスポーケンに送られた。このときルメイは大佐に昇進した。しかしミッドウェー海戦でアメリカが勝利すると、西海岸の防衛には緊急性がなくなり、7月にルメイと第305爆撃群団はまた訓練のための基地に戻された。今度はカリフォルニア州のミューロック航空隊基地（現エドワーズ空軍基地）である。

ミューロックの基地はウェンドーヴァーでさえもましに見えるほどだった。モハーヴェ砂漠のど真ん中にあり、周囲は乾いた湖の平坦な土地が広がるばかり。窓のない石の家しか建てられておらず、そこが本部として使用された。兵舎はないので、ルメイを含む兵士たちはみなテントで暮らした。昼は灼熱の暑さだが、夜は摂氏10度以下まで下がる。その暑さと寒さをテントで凌がねばならなかった。

訓練のためのB17は3機しかなかった。それでもルメイは24時間態勢の訓練を再開した。ルメイとデラッシーとプレストンが常にB17に乗りこみ、兵士たちに飛行を指導。1機のB17に不具合が出れば、ファルクロッドらが修理し、またすぐに飛び立つ。しかし、日中は暑すぎて、触れないほど機体が熱くなるため、修理できるのは夜間に限られていた。飛ばす飛行機が少なく、兵士たちを充分に訓練できないのが悩みの種だった。

その上、兵士たちは訓練ができなくなると喜んでいる様子だった。なんということだ！これがルメイには我慢ならなかった。もうすぐ戦地に行かなくてはならないのに、充分な訓練が受けられていなかったら危険ではないか！それが彼らはわかっていないのか？

それでも、ルメイは彼らを鍛えぬくと決意していた。自分は司令官であり、彼らを連れて戦争に行くことになる。だから「戦場に出る前に、自分にできるすべてのことをして、人間として蓄積できるあらゆる練習とあらゆる訓練を組み入れるのだ」（LeMay & Kantor, 216）と。ルメイは部下たちにもっと上を目指すように求め続けた。彼の厳しさに気圧《けお》された兵士たちは、彼のことを「iron ass《アイアン・アス》」と呼んだ。直訳すれば「鉄の尻」。尻が鉄でできているほど操縦席に座り続けられるということから、並外れて頑固で、鉄のような意志の持ち主であることを形容している。ルメイが人間離れしていることへの畏怖の念さえ感じられる呼称だ。

部下から見たルメイ

ルメイの伝記には、このとき彼から訓練を受けた者たちの証言がいくつか紹介されている。それらを総合すると、こんな司令官像が現われてくる。軍の上官といえば、部下を怒鳴りつける姿がすぐに思い浮かぶが、ルメイはそれとはまったく違った。口数少なく、部下に求めることだけを伝えた。ただし、その水準がとても高い。彼の寡黙さから、「おまえはもっとできるはずだ、ちゃんとできるまでやれ」というメッセージが伝わってくる（Coffey,21）。

伝記作家の一人は次のように言う。

「最初のうち、部下たちはルメイが完璧を要求することに憤りを感じた。そして常に絶え間なく働かされるので、彼を嫌っていた。ただし、彼らはずっとあとになってそれに感謝するようになる。骨の折れる訓練を彼が執拗に課してきたおかげで、命が救われたことに気づくからだ――特に自分たち自身の命が」（Kozak, 77）

次第にルメイは部下たちの信頼と尊敬を勝ち得ていった。

ハーヴァードのロースクールから航空隊に飛びこんだラルフ・ナッターは、1942年7月に航法士としての訓練を終え、第305爆撃群団に配属された。そしてロサンゼルスからのバスでミューロック基地に向かう途中、「厳しい大佐」の噂を聞いた。初めて見たときのルメイの印象を彼は次のように語っている。
「身長は178センチくらいで、ふっくらとした顔をしていた。体はがっしりし、胸幅が広く、髪は黒い。目はオリーブ色で、射貫くように鋭かった。瞬間的に得た印象は、とてつもなく自信のある男だということだが、傲慢そうではなかった。厳格で、揺らぐことのない強さと不屈さを具えた表情——それはこのあとの3年間、決して変わらなかった」(Nutter, 6)
ナッターはその後、ルメイがその見た目と同じくらい厳格で不屈な男であることを知る。そしてヨーロッパでも太平洋でもルメイと行動を共にし、彼が危機においても落ち着いて対処する姿を見ていくことになる。

〝ハップ〞・アーノルド

シラキュースでの訓練

真珠湾攻撃を受けて、アメリカは航空戦力の増強を急いだ。すでに1941年6月、陸軍航空隊(Army Air Corps)とは別に陸軍航空軍(Army Air Force)を設置していたが、1942年にこの二つを統合し、陸軍航空軍とした。初代の指揮官は〝ハップ〞・アーノルド。すでに述べたように、ビリー・ミッチェルの志を継ぎ、空軍の独立を目指している者たちの代表格だった。その悲願を達成するためにも、航空軍は存在感を示さなければならない。その思いは多くの司令官たちが共有していた。

ルメイを司令官とする第３０５爆撃群団は１９４２年8月、ヨーロッパへの移動を命ぜられた。そこでいくつかに分かれ、まずはニューヨーク州のシラキューースへと向かった。シラキュースの基地でしばらく訓練を続け、Ｂ17の数が揃うのを待ってから、大西洋を横断するのである。

シラキュースにいるとき、ルメイは頭痛と顔面への違和感を覚え、医者に行って、「ベル麻痺」という診断を受けた。顔面神経の病変で起こる顔面片側の突然性麻痺である。ルメイの場合は顔の右側が麻痺していた。これは非常に高高度の、気温が低いところを飛んできたためであろうと医者は言った。ルメイは有効な治療法が特にないと聞かされると、このままほうっておき、葉巻やパイプを吸って痛みを和らげることにした。苦虫を噛みつぶしたような顔をして葉巻かパイプを吸っているという、非常によく見られる彼の姿は、少なくとも部分的にはこの病のせいである。

ルメイはシラキュースでも訓練を続けた。航法の訓練でフロリダ、ニューオーリンズ、ニューファンドランドなどに飛んだ。いよいよ実戦が近いとあって、射撃の練習にも熱を入れた。しかし、粋な計らいもした。メンバーのなかには航法の訓練のとき、実家に近い地域を通ると、機械の不良を言い訳に着陸し、実家を訪ねる者たちがいた。それには目をつぶってやったのである。ビル・ソールトというミネソタ出身の兵士は、ルメイの計らいで妻に会わせてもらった思い出を伝記の一つで語っている（Kozak, 87）。長期間共に過ごしてきただけに、ルメイと部下たちのあいだに団結心が生まれていた。

大西洋横断

10月の終わりになると、第305爆撃群団には新品のB17が35機揃った。こうしていよいよイギリスに向けて飛び立つことになるが、大きな問題が一つあった。大西洋の横断などしたことのない者たちばかりだったのだ。リンドバーグの初の大西洋横断から、実はまだ15年しか経っていない。その困難さは、いまとは比べ物にならなかった。しかも10月の終わりともなれば、北大西洋はかなり寒い。機体に氷がへばりつくだろう。全員が無事に着けるだろうか。ルメイは不安なままスコットランドへの横断を指揮した。

ラルフ・ナッターは3人の乗組員たちとともに航法士としてB17に乗りこみ、シラキュースを飛び立った。悪天候のなか、コースを逸れてしまいがちになるが、雲の隙間から星を見つけ、コースを正していった。ところが、4つのエンジンのうちの2発が相次いで止まってしまう。できるだけ荷物を投げ捨て、機体を軽くして、残りのエンジンだけで飛び続けた。海面が見える低い高度で飛び、波の立ち方から風を計算、推測航法で飛んだ。やがて雲の隙間から星が見え、正しいコースを飛んでいることが確認できて、もうすぐアイルランドだとわかった。そのとおりにアイルランドの緑の島が見え、それを越えてスコットランドのプレストウィックに降り立った。ほかの飛行機よりも1時間遅れての到着だった。

ナッターは地元のスコットランド人たちが空港に集まっているのに驚いた。

「どうしてこんなに遅れたんだ？　アメリカ人の到着を2年前から待ってたんだぞ！」

そうスコットランド人に声をかけられ、ナッターは「ダブリンでビールを飲んでたんだ」と返した。スコットランド人たちは自宅で彼らを歓待してくれた。

ルメイからは、どれくらい長いこと2発のエンジンだけで飛んでいたのかと訊ねられた。詳細を伝えると、ルメイは彼らの労をねぎらい、休むようにと言った。

ほかの兵士たちのなかにも、さまざまなトラブルに見舞われ、大幅に到着が遅れた者がいた。しかし、最終的には、ルメイの第305爆撃群団は全員が無事にスコットランドに到着した。

最初のミッション

第305爆撃群団は最初、グラフトン・アンダーウッドに駐留した。ロンドンの北西約100キロの町である。ここではイギリスの濃霧に何より悩まされた。管制塔に対し、「自分の副操縦士も見えない！」と叫んでいた飛行士がいたことを、ルメイは回想している(LeMay & Kantor, 231)。そのため、出撃できる日はよくて月に5日程度。寒くてじめじめしており、地面は泥だらけになる。それなのに石炭が足りず、兵士たちはいつも凍えていた。

彼らの最初のミッションは11月17日、ナチスが占領しているフランス上空を飛ぶものだった。目的は、サンナゼールにあるドイツの潜水艦基地を攻撃する部隊から、ドイツ軍の注意を逸らすこと。爆弾は積まずに出て、1機も失わずに帰還したが、ドイツの対空砲火のダメージはかなり受けた。数回のミッションを経験し、ルメイはアメリカ側の作戦がうまくいっていないと痛感するようになってきた。

イギリスに着いてすぐのとき、ルメイは旧友のフランク・アームストロング大佐に出会った。話を聞くと、彼もドイツの対空砲火の厳しさを指摘し、まっすぐ低空飛行するのは無理だと言った。10秒まっすぐ飛行しただけで撃たれてしまう。だからジグザグに飛ばなければならない。しかし、ルメイはこれに疑問を抱いた。ジグザグに飛びながらどうやって爆弾を命中させられるだろう？

イギリスに派遣されたアメリカの第8航空軍は、ルメイらが来る3カ月前から爆撃を始めていたが、あまり成果が出ていなかった。ルメイは各部署を当たって爆撃後の航空写真を探したが、それがほとんどないことに気づいた。爆弾がどこに落ちたかわかっていないのである。回避行動を取りながら爆弾を落としているので、爆弾があちこちに散らばってしまう（LeMay & Kantor, 231）。敵を痛めつけるのが爆撃の目的のはずなのに、第8航空軍にはそれができていない。しかも、たくさん撃ち落とされている。

一方、イギリス空軍はチャーチルの承認を得て、司令官の〝爆撃屋〟ことアーサー・ハリス元帥の下、ドイツ市民を巻きこむことも辞さない夜間の集中爆撃に走っていた。ロンドンがドイツからの爆撃を受けていただけに、良心の歯止めがなくなっていたとも言える。ルメイもそれに共感を覚えた。戦争に参加してしまったのなら、相手にできるだけダメージを与え、早く戦争を終わらせるべきである。味方の兵士に多少の犠牲者が出ようとも、戦争が長引いてしまうよりは、最終的な犠牲者の数は少なくて済む。

それをいかにしてやるか。ここでもルメイは、究極の実際家《プラグマティスト》らしい独自の理論を作りあげていく。

第5章

私が先頭で飛ぶ——ヨーロッパ戦線

私は自分の部隊に言った。まっすぐに突っこんでいく、それで切り抜けられるはずだ。そして、私が先頭の爆撃機に乗る。それによって標的に爆弾を落とすことになる、と。（……）まともな精神の持ち主なら、10秒ごとにジグザグ飛行をして、まともなスコアをあげられるはずがないとわかるはずだ。それは不可能だし、それなら出撃しないほうがいい（LeMay & Kantor, 242）。

空爆の歴史

飛行機による最初の空爆は１９１１年、イタリア軍によるトルコ領リビアへの攻撃だった。飛行機ができてわずか8年後のことである。その2年後の１９１３年には、フランス軍がモロッコでアラブ人たちを標的に空爆を行った。１９１４年からの第一次世界大戦でもドイツ軍によるパリ爆撃や英本土爆撃があり、それに対してイギリスとフランスも報復爆撃を行った。日本も青島《チンタオ》市街に初の爆撃を行った。

とはいえ、飛行機によって国境や前線を楽々と飛び越え、上から爆弾を落とすというのは、これまでの戦争の常識とはかけ離れていた。戦争とは兵士たちが前線に赴いて戦うものであったからだ。特に一般市民を標的にした無差別空爆はあまりに非人道的と考えられ、第一次世界大戦後、それを禁止しようという議論が起きた。そして1923年、各国の専門家を集めた会議で「空戦に関する規則」が作られ、住民に対する無差別爆撃を禁止した（荒井26, 73-77）。

その歯止めが1930年代以降、どんどん外されていく。ドイツ空軍によるスペインのゲルニカ爆撃（1937年）、日本軍による重慶爆撃（1938年）などが起きた。5年半続いた重慶爆撃では、1万人以上が犠牲になったという。ドイツ空軍は1940年にロンドンへの空襲を始め、その報復として、イギリス空軍のドイツ都市への夜間爆撃が始まった。夜間ならば、ドイツの対空砲に命中させられる確率は減る。その代わり、こちらの爆撃の命中率も下がるが、特定の標的に絞るのではなく、都市に向けて爆弾をばらまくのなら相手を痛めつけられる。

とはいえ、アメリカはまだ無差別爆撃に踏み切っていなかった。

精密爆撃へのこだわり

1942年当時のアメリカ陸軍航空軍は、軍事施設への精密爆撃にこだわっていた。それには、ある天才の発明も大きく関わっていた。オランダ人で、ニューヨークに工場を構えていたカール・L・ノルデン。人とあまり付き合わず、部屋にこもりっきりで研究する変人だった。彼はアメリカ軍と契約を結び、爆撃照準器の製作に取り組んでいた。飛行機の速度、高度、風速と方向などを計算に入れ、白昼に目視で標的を確認して、ピンポイントで爆弾を当てるための道具である。これを使えば、一般市民を犠牲にせず、軍事施設だけを破壊できる。

ヨーロッパに派遣されたアメリカの第8航空軍は、B17にこの爆撃照準器を備え、白昼の高高度からの精密爆撃を続けていた。一般市民を殺さない、きれいな戦争をする。第8航空軍の司令官、アイラ・エーカーはその理想に燃えていた。精密爆撃を信奉する、「ボマーマフィア」と呼ばれた人々の代表格だ。つまり、「ボマーマフィア」の方針が第8航空軍の方針だった。

カーティス・ルメイも、このときその方針に異を唱えるつもりはなかった。ただ、精密爆撃を目指していながら、標的に当たっていないことは感じずにいられなかった。そこで数少ない偵察飛行の写真を集め、自分の直感が正しいと確信した。回避行動を取りながらの爆撃は、最高のパイロットと最高の爆撃手が乗っていても効果がない。まして自分の部下たちのような新米には無理である。回避行動を取っても、ある程度の数の爆撃機はドイツの戦闘機や対空砲に撃墜されるのだから、それよりも標的に向かってまっすぐに突っこんでいき、爆撃の効果を最大限に出したほうがいいのではないか。

どのようにやればいいか？　ルメイは数日間、沈思黙考を続けた。

7分間の直線水平飛行

「コンバットボックス」
で飛ぶルメイの部隊（LeMay&Kantor）

こうしてルメイが考え出したプランの一つは、「コンバットボックス」と呼ばれる密な編隊を組むことだった。これによって敵の戦闘機に対して集中的に銃撃し、自分たちを最大限守る。そして、ルメイ自らが先頭の爆撃機の砲塔に乗りこみ、360度見渡して、その密な陣形を保つように無線で指示し続ける。彼はこのための訓練を繰り返し行った。この「コンバットボックス」はじきに航空軍全体のスタンダードとなった（Kozak, 99）。

この陣形を組んだ上で、まっすぐ低空でターゲットに向かっていく。7分間の直線水平飛行をし、照準器を水平に保つ時間を爆撃手に与える。それによって、標的に当てる確率はずっと上がるはずだ。

１９４２年11月23日、ルメイの第３０５爆撃群団は、ほかの４つの爆撃群団とともに、サンナゼールのドイツ潜水艦基地と鉄道施設を攻撃するミッションを言い渡された。当日、朝食を済ませて集まった航空兵たちに、ルメイは作戦を説明した。兵士たちはすでにルメイの意図に気づいていたが、それでもはっきりと聞かされて衝撃を受けた。我々の爆撃群団だけが標的にまっすぐ突っこんでいくとは！　「生き残れないと思った」とある兵士は語っている（Kozak, 104）。

ルメイは続けた。ドイツの対空砲や戦闘機は優秀だが、アメリカの爆撃機を同時にすべて撃ち落とせるだけの砲撃を加えられるはずがない。そして、このやり方なら、爆撃手に標的を狙うための充分な時間を与えられる。ジグザグに飛んで、標的に命中させられるはずがない。

さらにルメイは自分の信念を伝えるために言った。「私が先頭を飛ぶ」。これで兵士たちは覚悟を決めた（LeMay & Kantor, 242）。

サンナゼール爆撃ミッション

こうしてルメイが率いる爆撃群団は、ナチスとの最初の戦いに挑んだ。これは大成功だった。20機のB17が飛び立ち、そのうち4機は機械の不調のために帰還したものの、残りはすべて爆撃のエリアに到達。天候に恵まれて、潜水艦基地がよく見えた。彼らは420秒間、まっすぐに水平に飛び続け、ほかのどの爆撃群団よりも2倍以上の爆弾を命中させた。2機がドイツの戦闘機によって撃墜されたものの、対空砲で撃ち落とされたものはまったくなかった。20機中16機が爆撃エリアに到達し、14機が帰還というのは、ほかの爆撃機集団と比べるとずっといい数字だった。10秒以上まっすぐに飛び続けたら対空砲の餌食になるという考えが、間違いであると証明したのである。2週間のうちに、第8航空軍全体が彼の戦略を使うようになった。

ルメイとともにミッションに参加したラルフ・ナッターは、基地に戻ったときの気持ちを次のように書き記している。

「適切なときに適切な地位に就いている人がいるとすれば、それはルメイ大佐であると私は感じた。7月のミューロック以来、彼が我々のグループに対してやろうとしてきたことが、ようやく理解できたのだ。彼の厳しい訓練、最初はクソ野郎の要求のように思えたものが、私にとって意味を成してきた」(Nutter, 36)

基地に帰ると、兵士たちはすぐにテーブルに着かされ、情報将校たちによって聞き取り調査された。ルメイ自身も精力的にテーブルを回り、彼らの経験したことを聞き出そうとした。

少しでも次のミッションの改善につなげるためだ。そして彼は一つのミスに気づいた。操縦士の席に着いて皆を先導したのだが、副操縦士席に座るべきだった。そうすれば後方も見渡し、編隊の状態を確認して指示を送ることができる。

自室に戻ってから、ルメイはその日の最後の仕事をした。撃墜された2機のB17に乗っていた兵士たちの家族に手紙を書いたのである。それぞれに10人の乗組員がいたので、20通の手紙を書いた。21通目はヘレンへの手紙だった（LeMay & Kantor, 245）。

残忍なルメイ？

精密爆撃を目指したボマーマフィアたちの理想が、第二次世界大戦において次第に崩れていくことを追ったノンフィクション、マルコム・グラッドウェルの『ボマーマフィアと東京大空襲』は、このサンナゼール攻撃のエピソードを、ルメイの人間性の「底知れなさ」を示す例として挙げている。「普通の人が持っている限度が彼には欠落していた」（Gladwell, 75）と。

さらにグラッドウェルは、後の国防長官、ロバート・マクナマラがルメイのことを「残忍だ（brutal）」と評したエピソードに触れる。* マクナマラはルメイが後に東京大空襲を実行する時期、彼の部下として働いていたことがあった。このように残忍で、限度が欠落した人間だから、あのような無差別爆撃ができたというのがグラッドウェルの考えである。しかし、ルメイのその後の言動を見ると、グラッドウェルの指摘には頷けるものがなくはない。しかし、この時点のルメイに絞って見たとき、サンナゼール攻撃は効率を最優先して出した結論であるとしか言いようがないだろう。ジグザグに飛んだところで、ドイツの対空砲の餌食になるのは変わらない。だとしたらまっすぐに飛んで、できるだけ標的に命中させたほうがいいではないか。実際家のルメイらしい考え方だ。

もう一つ、ここで付け加えておくとすれば、ルメイが決して恐怖を感じない人間だったわけではないということだ。彼の部下たちは、ルメイが常に冷静でいることに驚いた。彼には恐れという感覚がないのだろうかと思った。しかし、それはルメイが任務に集中することで恐れを封じこめ、部下たちに常に冷静な姿を見せようとしていた結果だった（LeMay & Kantor, 358）。自分は司令官なのだから、部下たちに動転した姿を見せてはいけない。彼はまさにプロの軍人だった。

ちなみにこのヨーロッパ戦線でのエピソードは、1949年に公開された映画『頭上の敵

＊　映画『フォッグ・オブ・ウォー』より。マクナマラはルメイが乗組員たちに「（直線飛行に従わなかったら）軍法会議にかける」と脅したと証言している。

機』（原題 *Twelve O'Clock High*）のストーリーの基となった。ヨーロッパ戦線で成果の出ていない爆撃群団に新しい司令官、フランク・サヴェージ准将（グレゴリー・ペック）がやって来る。彼はこれまでの司令官と兵士たちの関係に厳しさが足りないと見て取り、厳しい訓練を課して、密な編隊を徹底的に習得させる。さらに、ある程度の犠牲はやむを得ないと考え、回避行動を取らない爆撃を指示して、標的に命中させる。一般に、サヴェージのモデルは第306爆撃群団のフランク・アームストロング大佐であるとされているが、むしろルメイにかなり当てはまる。

この映画が1949年に作られていることから、戦後のこの時期、ルメイの第二次世界大戦中の行動がアメリカでは「残忍」というより、英雄的なものとして捉えられていたことがわかる。

ヘイウッド・〝ポッサム〟・ハンセル

12月、ルメイの第305爆撃群団はノーザンプトンシャーのチェルヴェストンに移動した。グラフトン・アンダーウッドに比べて設備はましだったものの、寒さや濃霧、じめじめした泥などは、似たようなものだった。

12月30日、ルメイはロリアンの潜水艦基地を爆撃するミッションを言い渡され、ドイツの戦闘機によってかなり痛い目にあわされた。ヘレンへの手紙で、何人かの兵士を失ったことを打ち明けている。一方で、自分たちもかなり相手に打撃を与えたことを誇り、「うちの兵士たちにバケツいっぱいの勲章をあげてくれとお願いしている」と言っている（Hegi, 107）。

1943年1月3日、2度目のサンナゼールへの爆撃でも、1機につき平均15発の弾丸を撃ちこまれながら、22機のうち19機が帰還した。ルメイの鍛えた兵士たちが育っている証拠だった。この頃、ロバート・オールズに宛てた手紙には、「私は部下たちを誇りに思っています」とある（Coffey, 41）。

ヘイウッド・〝ポッサム〟・ハンセル

そのすぐあと、ルメイの第305爆撃群団も含む第1爆撃航空団の司令官に、ヘイウッド・〝ポッサム〟・ハンセル准将が就いた。ルメイの直接の上官ということになる。マルコム・グラッドウェルの『ボマーマフィア』でルメイと対比される、因縁の人物だ。ハンセルはボマーマフィアの一人で、精密爆撃の熱烈な信奉者。そして南部の名門の出で、先祖や親族は将軍も含む軍の高級将校ぞろいであり、文学や音楽にも詳しい教養人だった。ひと言で言えば、人物としてルメイとは対照的だった（Nutter, 38）。
すでに6カ月ほどルメイの下で働いてきたラルフ・ナッターは、ルメイに全幅の信頼を寄せるようになっていた。したがってハンセルを迎えたとき、あまりいい印象を受けなかった。「（ハンセルは）軍の命令系統の形式的手続きはよく心得ていたが、カリスマも内面の強さもあるようには思えなかった」（Nutter, 38）と書いている。さらに彼は次のように続ける。「何度かハンセルのミーティングに出たあと、我々のほとんどは、司令官としての彼にネガティヴな思いを抱いた。彼は強さも自信にも欠けているように見えた」（Nutter, 40）
とはいえ、ハンセルとルメイが表立って対立したわけではない。ハンセルはルメイの考案したコンバットボックスを受け入れ、第1爆撃航空団全体がそれを使って飛ぶようになった。ただ、ハンセルは戦闘機の援護がなくてもアメリカの爆撃機は標的のエリアまで飛べ、白昼の精密爆撃ができ、大きなダメージを受けずに帰還できると信じていた。ルメイは疑問を抱きながらもそれを受け入れ、できるだけ結果を出そうとした。

標的の専門家を育成

１９４３年1月27日、第８航空軍は初めてドイツ本土の領空に入り、ドイツ海軍の施設を攻撃した。先頭に立ったのがフランク・アームストロング率いる第３０６爆撃群団で、第３

05爆撃群団もそのあとに続いた。しかし最初の標的であったフェーゲザックが雲に覆われていたので、第二の標的であるヴィルヘルムスハーフェンに移動、爆撃を加えたものの、あまり成果は上げられなかった。標的についての知識の欠如が、その大きな原因と考えられた。さらにドイツの戦闘機に追撃され、3機を失った。

この結果に不満だったルメイは、ミッションから戻ったばかりの兵士たちに編隊の訓練をさせた。また、ミッションのすぐあとに聞き取りを行い、みなに好きなことをしゃべらせ、何が起きたかを検証するようにした。自分に対する批判も歓迎した。彼はこうした聞き取りや意見交換を必ずやるようにした。

こうした結果を踏まえ、ルメイは作戦の成果を上げるための問題解決に取り組んでいった。一つは、いっそう密な編隊を維持できるように厳しく訓練すること。編隊が広がってしまえば、敵の戦闘機に狙われやすくなり、爆弾が落ちる地域も広がってしまう。そして敵に対して防御できるよう、射撃の練習も増やした。さらにルメイは、最も優秀な爆撃手を先頭の爆撃機に乗せ、彼の合図で同時に爆弾を落とすようにした。

また、ルメイは特定の操縦士と航法士と爆撃手を特定の標的の専門家にすることを考えついた。ミッションの前に、彼らに標的のエリアの写真や地図を徹底的に学ばせ、どの方向からも、どんな光の状態でも、標的を見極められるようにする。ルメイは彼らにこう要求した。

「この区域の地図や写真など、手に入るものを何でも研究しろ。眠っていてもフリーハンドで区域の図が描けるようになってほしい」

その上で、ルメイはその区域内から爆撃目標を選び、彼らに目標の詳細を覚えさせた。

「航法士が目標をフリーハンドで描けるようになっていれば、爆撃手が真に仕事を成し遂げられる機会は増える。第305爆撃群団が第8航空軍で最多量の爆弾を目標に投下できたのは、それが理由だった」(LeMay & Yenne, 87)

この訓練によって、彼らは雲が垂れこめていても標的がわかるようになり、爆撃の効率は跳ね上がった。1943年の7月には、第8航空軍全体がこの方法を採用するようになった。

激烈な戦闘

とはいえ、第8航空軍は人員も兵器も充分に与えられない状態での戦闘を強いられていた。一つの理由は、アメリカがイギリスのウィンストン・チャーチル首相の要請で、北アフリカ戦線に戦力を傾注し、ヨーロッパにあまり戦力をつぎこんでいなかったことだ。第8航空軍は戦闘機の援護なしに爆撃に出なければならず、破壊された爆撃機が充当されるペースも遅かった。そうなると、兵士たちの士気も下がった。

そういうなかでルメイの第305爆撃群団は着実に成果を出していった。ほかよりも爆撃機を失う数は少なく、標的に当てる数は多かった。ベン・ファルクロッドとラルフ・コーエンの機械の整備や備品の調達により、万全の態勢で出撃できる爆撃機が多かったこと、そして密な編隊を組んでいたことが、その主な理由である。

1943年4月には、パリにあるルノーの工場を爆撃した。2万2千フィートの高度からほぼ80トンの爆弾を落とし、ルノーの生産を6カ月間滞らせた。ドイツの戦闘機の攻撃を受け、3機失ったが、ルメイの教えのとおり編隊を組み続け、基地に戻った。これによって第305爆撃群団は表彰された。

ここまでの5カ月間で、ルメイの爆撃群団は延べ出撃機数で第8航空軍の第2位だった。受けたダメージも大きかったが、これは爆撃航程が平均の2倍なので、当然と言える。むしろ、にもかかわらず墜落や行方不明の数が平均より少なかったのは特筆すべきだろう。そして、標的への命中率はほかのどこよりも2倍以上高かった。

この頃、イギリスの首相チャーチルは、アメリカの航空軍に対し、イギリス空軍とともに夜間の無差別爆撃をするように迫っていた。ボマーマフィアのアイラ・エーカーはそれをやんわりと撥ねつけ、イギリスの夜間攻撃を補完する意味で、アメリカは白昼の攻撃をするという態勢になっていた。

5月18日、ルメイは航空団長に昇進し、4つの爆撃群団を指揮することになった。それに伴い、サーリーに異動。その直後、彼は第3空軍師団の司令官となった。いよいよ高級将校の仲間入りをしたわけだが、それによって支給された豪華な住宅に居心地の悪さを感じていたようだ。

ブリッツウィーク

このようにルメイが急速に出世しているのは、1943年の春くらいから、航空軍が急速に拡大したためでもあった。以前は一つのミッションに50機から60機の爆撃機しか送れなかったのに、いまは何百機も投入できるようになっていた。そこで1943年7月、第8航空軍はブリッツウィーク（Blitz Week）と呼ばれる1週間連続の空爆を展開することにした。

7月24日、まずはノルウェーにあるドイツの軍事施設や工場を324機の爆撃機で攻撃した。その後はすべてドイツ本土に標的を定め、25日にはキール、ハンブルク、ヴァルネムンデを攻撃する予定だったが、ルメイの第3師団は雲が厚かったために第二の標的であるロストックを攻撃した。航法士と爆撃手が標的をよく学んでいたために、効果的な爆撃ができたが、第8航空軍全体としては、ドイツの戦闘機によってかなりのダメージを受けた。

翌26日にも、292機のB17がドイツの戦闘機と激烈な戦闘を繰り広げた。ルメイの師団の爆撃機はハノーヴァーの鉄道施設とゴム工場を標的とし、ドイツ戦闘機の迎撃と荒天に見舞われたものの、標的に22発命中させた。その翌日、天気はさらに悪くなり、攻撃は中止となった。その次の日、ルメイはオシャースレーベンにあるフォッケウルフ戦闘機の工場を攻撃、1カ月ほど操業不能にした。7月29日には、第1師団がキールを、第3師団がヴァルネムンデを攻撃した。

この1週間の攻撃で、アメリカ側は100機の飛行機、1千人の兵士を失った。同僚の死や、高高度の飛行による酸素欠乏症で、精神的に不調になった兵士も75人いた。ラルフ・ナッターも同僚たちの多くを失い、彼らの持ち物が早々に撤去されるのを見て、大きな衝撃を受けた。「自分の友人たちが新兵に入れ替わっているのを見て、とても動揺した」と回想している（Kozak, 134）。

このときの作戦で、イギリス空軍は焼夷弾を使ってハンブルクを夜間空襲した。火災旋風が発生し、都市の半分が消失、3万5千人を超える一般市民が死亡した。火災が広がることによって、潜水艦や軍用機の工場にも燃え移り、ドイツの戦争遂行能力に大きな影響を及ぼした。ナッターによれば、ルメイはハンセルとともにハンブルク空襲の写真を精査し、その破壊の規模に驚いたという。実際家のルメイから見れば、イギリス空軍の爆撃のほうが効果的であることは明らかだった。

それに対するハンセルの反応は、自分はこのような作戦には加担したくないというものだった。ルメイは、イギリス空軍が標的を特定するのに最新のレーダーを使ったことを指摘し、視界が悪いときでもこういう機器によって爆撃の精度が上がると主張した。彼はすでにレーダーの実用化を知り、使い方を学んでいたのである。しかしハンセルは興味を示さず、あくまで目視で標的を確認し、ピンポイントで爆撃することにこだわった（Nutter, 99）。

レーゲンスブルク陽動作戦

1943年8月、アイラ・エーカーは次の大規模な作戦を計画した。主要な標的はドイツ本土のシュヴァインフルト。ドイツのボールベアリング生産の中心地であり、この部品が軍需産業を支えていたのである。作戦では、最初に一つの部隊が囮《おとり》となり、戦闘機工場のあるレーゲンスブルクを爆撃して、そのままアフリカに向かう。もう一つの部隊がそのすぐあとに出撃し、シュヴァインフルトを爆撃する。ドイツの戦闘機は第一の部隊を追撃するだろうから、第二の部隊は楽に爆撃できるはずだ。アフリカまで飛んだ第一の部隊はそこで給油し、イギリスに戻る途中でもう一度ドイツを爆撃する。

エーカーは直々にルメイに面会し、囮になる第一の部隊を指揮してほしいと言った。ナッターは、この作戦について話し合うルメイとハンセルに同席した。それによれば、ルメイはドイツ戦闘機の防御態勢を考えれば、第一と第二の部隊の攻撃のタイミングが完璧に合わな

1944年8月17日、ルメイの師団に爆撃されるレーゲンスブルク（LeMay&Kantor）

い限り成功しないと指摘したという。それでも、「私の師団がレーゲンスブルクに行くべきだと、エーカーとアンダーソン*が決断したのなら、私はこのミッションを引き受けましょう」と答えた（Nutter, 110）。

ルメイは天候が悪くなることを予測し、計器だけで離陸する訓練を自分の師団に徹底的にやらせた。ルメイが懸念したとおり、作戦の当日（8月17日）は、分厚い雲が低く垂れこめていた。ただし、ヨーロッパ大陸は快晴であるという。そこでルメイが指揮する146機は計器を使って離陸し、レーゲンスブルクに向かった。ところが付き添うはずの戦闘機部隊と、シュヴァインフルトを爆撃するはずの第1師団の230機が、濃霧のために離陸できずにいることを知らされた。ルメイはそのまま作戦を敢行することにし、工場の60パーセントを破壊したものの、ドイツの戦闘機の激烈な迎撃に遭遇、24機を失いながらアフリカへと向かった（Nutter, 113）。

第1師団は予定の数時間後に出撃した。しかし、ドイツの戦闘機群はそのときまでに基地に戻り、給油を済ませていた。そのため第1師団もすさまじい攻撃に晒され、230機のうち36機を失った。標的の地域に到達できたのは83機だけで、ボールベアリング工場に命中させた爆弾の数はせいぜい50発だった。多くの爆弾は市街地に落ち、一般市民のなかに死者を出した。ドイツのボールベアリング生産への影響は限定的であり、それに対して60機のB17と600人の乗員を犠牲にしたというのは、あまりに大きな損失だった。

ルメイは師団とともにアルジェリアのテレルグマに到着したが、そこの基地の状態にも愕然とした。聞かされていた内容とまったく違い、修理や宿泊のための設備が整っていなかったのである。そのため彼らは修復不能そうなB17を解体し、その部品を利用して、自分たちで飛行機を修理した。機械に強く、B17の構造を知り尽くしているルメイ自身が、修復作業全体を統括した。夜は翼の下に身を横たえ、パラシュートを枕にして眠った。

アイラ・エーカーはルメイの師団の状態を心配し、テレルグマに赴いた。そしてルメイが不平をこぼさず、黙々と作業する姿に感銘を受けた。作戦では、アフリカに着いた翌日に再びドイツを攻撃する予定だったが、それは言うまでもなく不可能だった。しかしある程度の爆撃機が修復できたところで、ルメイは予定どおり攻撃に向かおうとした。エーカーはやめさせようとしたが、ルメイはあくまで攻撃を主張した。ここでやめたら、ドイツは自分たちの勝利だと思うだろうし、ルメイの部隊の士気も下がる。そう訴えて、1週間後の8月24日に57機でテレルグマを飛び立った。そしてボルドーにあるドイツの戦闘機基地を爆撃し、3機を失ってイギリスに戻った。

精密爆撃からの転換

レーゲンスブルクの作戦は明らかな失敗だった。攻撃を1カ所に集中せず、分散させてしまったことで、期待したような効果が出なかった。しかし作戦の無謀さもさることながら、もう一つ明らかになってきたのは、爆撃照準器が実験で見せたほどの精度を、実戦では出せていないということだ。実戦においては、ノルデンが想定した以上のさまざまな要素が爆撃に影響する。歯車や滑車のあいだに生じる摩擦、爆撃手の動揺、そして何よりも空を覆う雲。これらによって、標的への命中率は予想以上に低くなっていた（Gladwell, 84-86）。

9月6日のシュトゥットガルトへの空爆では、ロバート・トラヴィスという経験の浅い大

＊　フレッド・アンダーソン、このときの爆撃集団の司令官。

佐が指揮を執ったために大変な惨事になった。雲が厚く垂れこめていたために標的を見つけられず、ドイツ戦闘機の餌食となって、338機のうち45機を失った。10日後、トラヴィスはナントへの攻撃を指揮したが、標的を外し、フランスの一般市民に1千人以上の死者を出した（Nutter, 118）。

その後、トラヴィスが指揮を執らない戦いでも、第8航空軍は苦戦を続けた。10月4日、アーヘンで12機を失い、8日にはブレーメンで30機を失った。9日にはマリエンブルクへの飛行機工場への攻撃に成功するが、28機を失い、10日にはミュンスターで30機失った。10月14日には、291機のB17でもう一度シュヴァインフルトを攻撃し、かなりの打撃を与えたが、60機を失った。

ミュンスターは工業都市ではなかった。軍需工場もボールベアリング工場もない。鉄道の要衝というだけである。10月10日のミッションは、日曜日の昼間に、この都市の市街地を爆撃するというものだった。ボマーマフィアたちは「これはエリア爆撃だ」と反発したが、ワシントン上層部からの命令でやることになった。精密爆撃で成果を出せないボマーマフィアたちに対し、〝ハップ〟・アーノルドらが不満を抱いている証拠だった。この頃から第8航空軍はレーダーを使い始め、次第にイギリス空軍の夜間爆撃にも参加するようになってきた。精密爆撃からの転換が始まった。

多大な犠牲を払いながら、連合軍は空軍戦でも次第に優位に立っていった。ドイツも消耗していたからだ。鍛え抜かれたベテランのドイツ航空兵たちがどんどん死んでいった。彼らに代わるのはまだ経験の足りない若い兵士たちである。アメリカも同じように死者を出していたが、それに入れ替わる人員はドイツよりもずっと豊富だった。B17もどんどん増産されて送りこまれてきた。ドイツが劣勢になるのも無理はなかったのである。

一時帰国

航空軍の参謀長である〝ハップ〟・アーノルドは、9月にイギリスを訪問し、エーカーやハンセルとともにルメイにも会っていた。そして彼の自信や決断力に感銘を受けた。彼の師団の士気が高く、爆撃の成果が飛びぬけていることも知った。そこでルメイを准将に昇進させ、レーゲンスブルク爆撃の功績で殊勲十字章を与えた。また、ルメイをアメリカに一時的に戻し、航空軍のPRに使おうと考えた。

11月、ルメイはほかの司令官たちとともにアメリカでの戦時債権の宣伝ツアーに参加。講堂や軍需工場、訓練基地などでスピーチした。口下手のルメイにとっては、つらい仕事だったようだ。もっとも、スピーチの原稿を書いたのは彼ではなく、後に『頭上の敵機』の脚本を書くことになる、サイ・バートレットであった。

このときルメイは家族と15カ月ぶりに再会、クリーヴランドにあるヘレンの両親の実家で過ごし、ジェイニーがすっかり大きくなっているのに驚いた。ジェイニーは、ルメイとどうしてもポーチのブランコで過ごすのだと言った。そして通りかかる人たちに、誇らしげに手を振った。寒いからなかに入ろうとルメイが言っても、聞かなかった。あとでルメイはヘレンから理由を聞かされた。父親がいつも不在なので、ジェイニーは父親がいないのではないかと周囲から思われているようなのを気にしていた。だから近所の人々に父親を見せびらかしたかったのである。

最年少の将軍

12月、ルメイがイギリスに戻ったときには、第8航空軍はさらに増強されていた。特に長距離戦闘機のP51ムスタングが次々に送られ、B17の爆撃を援護するようになったため、アメリカは空軍戦においてドイツに完全に優位に立った。1944年2月22日からの「ビッグ・ウィーク」と呼ばれた作戦では、1週間の攻撃で軍用機工場に5千トンもの爆弾を落とし、アメリカ側で撃墜されたのは4パーセントにすぎなかった。これでドイツの軍用機製造に大きな打撃を与え、6月の連合軍によるノルマンディー上陸作戦を容易にした。

このときすでにアイラ・エーカーは地中海に回され、ヨーロッパの司令官にはジェイムズ

・ドゥーリトル准将が起用されていた。ドゥーリトルは１９４２年に初めて東京への空襲を成功させ、アメリカでは英雄となった人物である（この空襲については次章で触れる）。エーカーの異動について、『ボマーマフィア』は「これは夕飯抜きで寝室に追いやられるようなもの」（Gladwell, 88）と書いている。大きな犠牲を払いながら結果が伴っていないエーカーに、アーノルドは痺れを切らせたのだ。こうして第８航空軍は次第にイギリス空軍とともに無差別爆撃をするようになり、１９４５年２月のベルリン爆撃やドレスデン爆撃で多数の民間人死者を出すことになる。

１９４４年３月、ルメイは37歳にして少将となった。陸軍全体でも最年少の将軍だった。それからしばらくして、〝ハップ〟・アーノルドは彼をまたアメリカに呼び戻した。大型爆撃機、Ｂ29によるアジア戦線の作戦に、ルメイを関わらせようと考えたのである。Ｂ29はＢ17の１・５倍の大きさで、航続距離も爆弾の積載量も大きく上回る。これは日本への攻撃の要となるはずだ。それには経験豊富で優秀な司令官が必要となる。

アメリカに戻る前に、ルメイはヨーロッパの地上戦を見ておきたいと考えた。そこで連合軍のノルマンディー上陸直後、第８戦闘機集団の司令官であるウィリアム・ケプナー少将に電話し、Ｐ47戦闘機を貸してほしいと頼んだ。Ｐ47でフランスに渡ろうと考えたのである。ケプナーは「俺も一緒に行くよ、カート」と答えた。

2人はP47でノルマンディーに渡り、出迎えたジェイムズ・W・マッコーリー准将の車で戦場を見てまわることになった。将軍が3人、星の数は計5つという一行である。進んでいくうちに、戦場となった農家の集落を通り抜け、戦死したばかりのドイツ兵の遺体を数体目撃したり、道の真ん中にできた爆撃によるクレーターに出くわしたりした。

ルメイが回想録でとりわけ生き生きと語るのは、捨ててあったドイツ車のオペルを見つけたエピソードである。運転していたドイツ人はキーを刺したまま逃げていたが、バッテリーが死んでいてエンジンがかからない。しかし、この美しい新型車を前にして彼らは興奮し、何とか修理して乗ろうとした。そこにたまたま現われたアメリカ軍の歩兵たちと機械いじりに励んでいると、その最中に砲撃にあい、ルメイ以外の者たちはすぐに溝に入って伏せた。ルメイは地上で砲撃にあったことがなかったので、気づくのが遅れたのである（LeMay & Kantor, 316-17）。

とはいえ、この地上戦の視察に関しては、戦闘自体をあまり見られなかったので、がっかりしたとも書いている。

「私が見ることができたのは、数人のドイツ人の死体、数人の捕虜になったドイツ人、そして死傷者を出すこともなく爆発した数発の砲弾だけだった」（LeMay & Kantor, 318）

このあと彼はイギリスに戻り、すぐにアメリカに向かった。いよいよアジアの戦線にカーティス・ルメイが登場することになる。

第6章

ヒマラヤ越えのミッション
――中国・ビルマ・インド戦線

世界の屋根である、険しいヒマラヤ山脈を大型爆撃機で飛び越えるなど、地獄のように大変なことだった。2千キロにも及ぶ、想像し得る限り最悪の飛行だ。山脈の上では荒っぽい天候にしょっちゅう見舞われ——激しい下降気流、強風、突然の吹雪など——気温は零下30度にも下がることがある。それをわざわざ意識させるかのように、航路からせいぜい2００キロほどのところに、雲から突き出したエベレスト山の８８００メートルの頂上がしばしば見える（LeMay & Yenne, 75）。

ドーリットル空襲

日本本土に対するアメリカ軍の初めての空襲は1942年4月18日に行われた。ジェイムズ・ドゥーリトル中佐を指揮官とする16機のB25が空母ホーネットから飛び立ち、そのうち14機は東京、横浜、横須賀などを、残り2機は名古屋、神戸などを爆撃した。日本の死者の数は87人と言われている（柴田・原 211）。照準ミスや進路変更などにより、軍事目標以外の場所にも多数の爆弾が落ち、民間人に多くの死者を出した。日本では「ドーリットル空襲」として知られているものである。

日本本土を空爆したB25はそのまま中国に向かった。15機が中華民国で不時着、1機がソ連で不時着し、いずれも機体は失われた。ドゥーリトルはアメリカに戻り、英雄として出迎えられたが、中国の日本支配地域に降り立った8名の隊員は捕虜となった。彼らは日本によって軍事裁判にかけられ、民間人を標的にした爆撃を行ったとして、うち3人が死刑となった。このことがアメリカで報道され、さらに反日感情が高まった。

被害はそれほど大きくなかったものの、日本はこの空襲に不意を突かれ、大きな衝撃を受けた。B25のような中距離爆撃機が攻撃してくることを想定していなかったためである。空母に積める艦載機は航続距離が短いし、中距離爆撃機が日本を爆撃して戻れるところにアメリカの基地はない。では、アメリカ軍がどうしたかというと、大型クレーンによってB25を空母に積み込み、日本に向かったのである。B25が爆撃後に中国に向かったのも、空母に戻っても着艦不可能だったからだ。つまり、不可能を無理やり可能にした作戦だったと言える。

とはいえ、そのあたりの事情を把握できていなかった日本は、この空襲後警戒を強め、防衛網を広げることになる。

B29の登場

成功はしたものの、〝ハップ〟・アーノルドは、この種の作戦は二度と使えないと考えた。多数の中距離爆撃機を艦上から飛び立たせること自体、かなり無理があったからだ。それよりは、B17よりも航続距離の長い爆撃機を開発し、日本に往復できる距離に基地を作ったほうがいい。こうしてアメリカ軍は1944年の夏にサイパン、グアム、テニアンといった、日本領のマリアナ諸島の島々を奪取していき、滑走路建設を進めた。そして、マリアナ諸島から東京の爆撃が可能なB29の開発を急いだ。

B29は「超・空の要塞《スーパーフォートレス》」と呼ばれた、当時としては驚異的なテクノロジーの産物だった。重量はB17のほぼ2倍で、3倍弱の爆弾を積載できたが、にもかかわらず時速560キロ出せ、給油なしで6千キロ近く飛べた。爆撃機としては初めてコックピットの気圧調整ができ、3万フィートという高高度で飛んでいても、酸素マスクが必要なかった。初期段階ではさまざまな事故を起こし、トラブルが多かったが、この頃ようやく実戦で使える目処が立ってきていた。1944年の秋にはマリアナ諸島から東京への爆撃が始められるはずだった。

B29は、インド東部のカラグプール基地と、中国の成都（国民党の支配地域）周辺にある4つの前進基地からの攻撃にも使われる予定だった。イギリス領なので安全なカラグプールに本部があり、第20爆撃機集団が派遣されて、ケネス・ウォルフ将軍が指揮を執っていた。

B29

ここから日本を爆撃するのは遠すぎたが、成都の前進基地からだと、西日本の一部の地域が射程圏内に入るし、中国や東南アジアにある日本の支配地域も攻撃できる。アーノルドはマリアナ諸島をハンセルに任せ、インドの司令官にルメイを起用しようと考えた。

アメリカに戻ったルメイは、アーノルドから勲章を授与され、すぐにインドに行けと命令された。それに対しルメイは、実に彼らしく、その前にＢ29の操縦を習得したいと言った。自分はまだＢ29について何も知らない。それでは、Ｂ29を使った作戦の指揮は執れない。アーノルドはしぶしぶ承諾し、彼をネブラスカ州グランド・アイランドのＢ29訓練施設に送った。彼だけのための特別プログラムで、Ｂ29について学ばせることにしたのである。ルメイはヘレンとジェイニーを伴ってネブラスカに飛んだ。

ルメイは1カ月間、B29の操縦とメカニズムについて徹底的に学んだ。飛ぶときに左に傾きがちだという特徴や、エンジンがオーバーヒートしたり、エンジンがかかった瞬間にシリンダーヘッドがしばしば爆発するといった欠点にも気づいた。メカニズムについては、機械工たちに質問するよりも一緒に働くことで、彼らの知識をすべて吸収しようとした。こうしてB29を知り尽くした上で、8月29日、ダグラスC54機でインドのカラグプール基地に到着した。

カラグプール基地

第20爆撃機集団の司令官として赴任してみて、ルメイはここに基地を置く無謀さに愕然とした。海から遠く離れた内陸部にあるため、輸送は空路に頼らざるを得ない。しかも、ヒマラヤ山脈を越えて成都の前進基地に行き、そこで給油してから出撃しなければならない。つまり、ガソリンもヒマラヤを越えて、成都に運んでおかなければならないのだ。これは、1ガロンのガソリンを運ぶのに7ガロン超を消費するというくらい効率が悪かった。章の冒頭に引いたルメイ自身の言葉にもあるように、悪天候や厳しい寒さに晒され、それがしばしば事故の原因となった。『ボマーマフィア』によれば、大戦中にヒマラヤ越えで墜落したアメリカの飛行機は700機にもなるという（Gladwell, 106）。

ルメイの前任者、ウォルフ将軍の1944年6月15日のミッションでは、92機がインドを出発し、1機がヒマラヤで墜落、12機がヒマラヤを越える前に引き返した。68機が成都で給油して出撃したが、1機が離陸直後に墜落、さらに4機が機械の不具合で引き返した。6機はやむなく途中で爆弾を投棄した。1機が日本に接近中に撃墜され、荒天のため、標的エリアに到達できたのは47機のみ。うち目標の八幡《やはた》製鉄所を実際に視認できたのは15機で、作戦を完了するまでに7機と55人を失った。目標に命中した爆弾はたったの1発だった（Gladwell, 134）。

この当時の世界で最高に洗練された兵器であるB29を、世界の兵站《ロジスティクス》の果てのような場所から出撃させるとは！　当時のルメイは口には出さなかったものの、この非効率的な作戦を続けることに大きな疑問を抱いた。あとになってルメイは「完全に不可能な状況に直面した」と回想している。「作戦の企画《スキーム》は『オズの魔法使い』から夢想されたようなものだった」（LeMay & Kantor, 322）と。

赴任したときのルメイは、部下たちが何も知らないことにも驚いた。B29を使う上でのしっかりした信条もなく、ヒマラヤ山脈を飛んだ経験のある者もいない。ここでもルメイは部下たちを徹底的に鍛えた。B29で飛ぶときの手順、注意すべき点などを学ばせ、事故の可能性を最大限減らそうとした。これまで使われてきた小編成（4機）による夜間のミッションをやめ、12機による編隊を組んでの昼間のミッションにし、その練習をやらせた。昼間の爆撃の命中率を上げるため、選ばれたクルーに標的を学ばせることも徹底した。また、流れ作業方式の整備体制を作りあげ、修理や整備の効率を跳ねあげた。

将軍となっていたルメイは、アーノルドから、実戦に参加してはいけないという命令を受けた。極秘事項も知らされているだけに、ルメイが捕虜になるリスクを取ることができないというのが理由だった。しかし、ルメイは再び彼らしい理由で抵抗した。一度は実戦に出て、日本軍の戦闘機による防御がどれだけのものかを体感しなければ、作戦計画は作れないと主張したのだ。アーノルドはここでもしぶしぶ承諾した。

毛沢東との協力体制

こうしてルメイは、9月8日、満州の鞍山《あんざん》にあるコークス工場への攻撃を先頭の爆撃機に乗って指揮した。115機のうち95機が標的のエリアに到達し、200トンの爆弾を投下、コークス生産を少なくとも35パーセント減らすことができた。日本の戦闘機の攻撃は大したことなかったが、対空砲火がルメイの機に命中し、乗組員が何人か怪我をした。傷を負った者たちはパニックに陥ったが、本人たちが大騒ぎするほどの怪我ではなかったようだ。失ったB29は4機のみで、ルメイは日本の防衛がドイツほど手強くないと考えた。とはいえ、ルメイは部下たちのパフォーマンスに満足しておらず、改めて彼らを鍛え直した。もっと密な編隊を組み、もっと燃料を節約する飛び方をし、爆撃の精度を上げるようにすること。手順を標準化し、それを学ばせて、準備することを強調した。

9月26日も鞍山を攻撃。垂れこめる雲の上から、レーダーを使って爆弾を落とし、ある程度の結果は出したが、満足のいくものとは言えなかった。問題の一部は天気に関する情報の少なさから来るとルメイは気づき、満州周辺の気象情報を得るためにソ連に協力を求めた。ソ連はこのときアメリカの同盟国だったが、彼の要請をあっさり断った。ルメイの生涯続くソ連への不信感がここで生まれた。

一方、ルメイは毛沢東と協力体制を築いた。アメリカは蔣介石の中国国民党を支援していたのだが、このとき毛沢東の中国共産党は、国民党と協力して日本と戦っていた。共産党の支配地域にもアメリカ軍の兵士が不時着することはあり得るので、ルメイはそういうときにアメリカ兵を保護してほしいと頼んだのだ。毛沢東は快諾した。アメリカは医療品を共産党に提供し、お礼として毛沢東は日本の兵士から取り上げた日本刀をルメイにプレゼントした。ルメイは双眼鏡をお返しに送った。強硬な反共主義者であるルメイだが、こういうところで融通を利かせるのは、実際家の彼らしい。

成果を出していく

悪天候や兵站上の困難に直面しながらも、第20爆撃機集団の出撃機数は、前任者のときの2倍になった。兵站も改善されていき、出撃機の数は増えていく。9月と10月は月に200機強だったのが、11月には5回のミッションで316機、12月にも5回のミッションで330機になった。

10月、ルメイはワシントンからの指令で、満州の鉄鋼産業を標的にするのをやめ、台湾と日本本土の軍需産業を標的にするようになった。10月14日、台湾・高雄《たかお》の航空機工場を攻撃。130機で高雄に向かい、104機が工場に爆弾を落とした。これによって7棟の格納庫と16棟のビル、外に駐機してあった116機の飛行機を破壊した。

10月24日には再び高雄を攻撃し、翌25日には長崎県の大村にある航空機工場を爆撃した。このとき初めて焼夷弾を使った。11月3日にはラングーンの日本海軍の基地を、2日後にはシンガポールの乾ドックを攻撃した。

厳しい条件でも結果を出していくルメイに対し、アーノルドの評価は上がっていった。11月17日付のルメイ宛の手紙でアーノルドはルメイを称え、彼の活躍をハンセルに知らせてはっぱをかけたと述べている。

とはいえ、秋が深まり、厳しい冬に変わっていくにつれ、第20爆撃機集団の攻撃には困難が伴うようになってきた。11月21日の大村への攻撃では、109機のうち6機を失い、そこそこの結果しか出せなかった。悪天候のせいもあり、標的に爆弾を落とせたのは61機にとどまった。12月3日にも大村への攻撃を予定していたが、6日まで待っても空が晴れずに断念。代わりに、7日に中国の奉天《ほうてん》（現・瀋陽《しんよう》）を攻撃した。

12月18日のミッションは漢口《かんこう》を標的とした。中国にある日本の軍事基地としては、最大級のものがあったのだ。5分の4は焼夷弾を使うことにし、84機のB29で1万9千フィートの高度から500トンの焼夷弾を投下、海岸沿いに3日間も燃え続ける大火災を引き起こした。アメリカの爆撃機がほぼ全面的に焼夷弾に依存した最初の爆撃である。ルメイはこの結果に感銘を受けた。ただし、漢口への爆撃を日本本土への大空襲の先駆けとする見方もあるが（Nutter, 177など）、このときは中国人の民家への類焼を防ぐため、東京大空襲などで多く使われたナパーム弾は使用していない。航空軍がナパーム弾を主力とする攻撃に踏み切るのはまだ先の話である（工藤「1944年12月18日の漢口空襲」）。

ミッションでは成果を出したものの、インドからのB29による爆撃は無駄だというルメイの意見は変わらなかった。というより、むしろ冬になるにつれて強まった。ルメイは自分の部隊がマリアナ諸島に移ることを提案した。

マリアナ諸島からの攻撃

一方、ヘイウッド・ハンセルは秋に予定されているマリアナ諸島からの日本本土攻撃の準備を進めた。まずは偵察機を飛ばし、標的として最優先とされていた中島飛行機武蔵製作所（現在の武蔵野市）の位置を確認した。中島飛行機は当時東洋最大の航空機メーカーで、その武蔵製作所は「零戦《ゼロせん》」や「隼《はやぶさ》」といった軍用飛行機のエンジンを生産していた。武蔵野市の資料によれば、その量は日本の全生産量の30％近くを占めていたという。

ハンセルがこだわったのは、もちろん白昼の高高度からのピンポイント爆撃だった。一方、彼の指揮下にある第73爆撃航空団の指揮官、エメット・〝ロージー〟・オドネルは夜間のエリア爆撃を主張した。オドネルはアーノルドと密接な関係にあり、38歳ですでに准将に出世している若手の有望株だ。ラルフ・ナッターは当時、ハンセルの部下として働いていて、2人がミーティングでしばしば対立したことを回想している（Nutter, 193）。

すでにアメリカ国内でレーダーによる夜間爆撃を部下にしこんできたオドネルは、白昼の高高度爆撃はリスクが多いと訴えた。天気に左右される要素が大きく、日本の天候や地形はまだ充分に把握できていない。高高度で飛ぶことはB29のエンジンへの負担が大きく、B29がどこまで耐えられるかも未知数だ。それに対しハンセルは、ときには声を荒らげ、エリア爆撃は民間人を標的にすることになり、それは戦争犯罪だ、自分は決してそのようなことはしない、と言い張った。たとえ日本人が野獣のような行動をしたとしても、アメリカ人は同じことをしてはいけないというのが、ハンセルの信念だった（Nutter, 223）。

マリアナ諸島から東京への爆撃は、11月24日に始まった。111機のB29が夜明けに出撃し、中島飛行機武蔵製作所を目指した。燃料が切れることを恐れて17機が引き返し、6機が機械の不調のために爆撃できなかった。東京は厚い雲に覆われていて、標的は見づらく、主要な標的エリアに爆弾を落とせたのは24機。軍事目標の近くに落ちた爆弾は50に満たなかった。1機は、損傷した日本の戦闘機に体当たりされて墜落した。彼らは2時間余り攻撃を続け、暗くなってからサイパンに戻った。

ジェット気流

日本への高高度からの爆撃が特に困難だったのは、上空に強いジェット気流が吹いているためだった。日本の上空に秒速60メートル超の暴風が吹いているとは、それまでほとんど知られていなかった。これは飛行を困難にするだけでなく、爆撃の精度を大いに左右する。グラッドウェルの『ボマーマフィア』によれば、「ジェット気流を横断すれば飛行機が横に煽られる。気流に逆らえば、空中にとどまるだけでも必死に飛ばねばならず、日本軍の攻撃の餌食になる。気流に乗れば、速度が出過ぎて目標を正確に狙えない」(Gladwell, 114)。
それでも、ハンセルは11月24日の攻撃について、「白昼の高高度ミッションが実行可能であることを証明した」と主張した。「もっと訓練し、経験を積めば、爆撃の正確性を高められる」と。そして、オドネルに向かって言い放った。「夜間爆撃をしていたら、結果は大惨事になっていただろう」。これにはオドネルだけでなく、ナッターも驚いた。何にとって大惨事なのだ？ 白昼高高度爆撃にとって大惨事ということではないのか？(Nutter, 200)
11月27日には81機で同じ標的を目指した。しかし、標的のエリアは雲に覆われていて、レーダーに頼って埠頭や市街地に爆弾を落とさざるを得なかった。１機が不時着した(Griffith, 178)。29日には東京工業地域、12月３日には中島飛行機を標的としたが、どちらも一度目を超える結果は出せなかった。12月３日の攻撃では４機が太平洋上で不時着水し、６人のクルーを失った(Nutter, 200)。
〝ハップ〟・アーノルドはもちろん、こうした結果に不満だった。ルメイの結果をハンセルに知らせ、はっぱをかけていたのはこの時期である。アーノルドの副官であるローリス・ノースタッド将軍も、ハンセルに焼夷弾、特にナパーム弾を使った攻撃を勧めていた。ナパーム弾はゲル状のガソリンを詰めた爆弾で、爆発すると火の点いたゲル状のガソリンがあたり一面に飛び散り、火災を引き起こす。すでに１９４４年５月からアーノルドの委員会は木造家屋を使った実験をして、日本の都市にはナパーム弾が有効というレポートをしていた。ハンセルは大きなプレッシャーを感じるようになっていたが、それでもピンポイント爆撃を捨てようとしなかった。

12月13日、ハンセルは82機のB29で名古屋の三菱重工業名古屋発動機の工場を爆撃した。日本の総務省の資料、「名古屋市における戦災の状況」によれば、「全国発動機生産高の40％以上を生産していた」工場である。このときはノースタッドの勧めに従い、ハンセルはかなりの量の焼夷弾を積むことにした。また、風に逆らって飛ぶ戦略を取った。飛行速度が遅くなるので攻撃に晒されやすくなるが、爆弾の命中率は上がる。その結果、4機を失い、31機が損傷を受けたものの、落とした爆弾の16パーセントが標的の300メートル以内に落ちた。264人の工員が死亡、生産能力は24パーセント低下した。ハンセルのミッションのなかでは成功したものの部類に入る。

12月18日には再び名古屋の三菱の施設を63機で攻撃。しかし、厚い雲に邪魔され、よい結果は出せなかった。22日には焼夷弾のみによる小規模な爆撃を試み、78機のB29で名古屋の三菱重工業を目指した。しかし半数しか標的に到着できず、しかも付近は厚い雲に覆われていて、その結果、焼夷弾がそこらじゅうにばらまかれてしまった。1945年1月3日、ハンセルはもう一度焼夷弾を使った攻撃を名古屋にしかけたが、やはり厚い雲に阻まれ、爆弾はすべて埠頭や市街地に着弾、軍事施設に爆弾を命中させられなかった。このときは5機のB29を失った。

ハンセル解任

アーノルドはついに痺れを切らし、ハンセルを交代させる決意をした。

1月6日、ノースタッドが事前の予告なしにハンセルを本部に訪ねた。マリアナ諸島の本部はこのときサイパンからグアムに移っており、ハンセルは新しい本部を案内しようと申し出た。しかし、ノースタッドはパーソナルなことを話したいと言って断った。そして単刀直入に言った。ルメイが第21爆撃機集団の司令官になることになった、と。

「大地が崩れたかと思った——完全に打ちのめされた」(Griffith, 189)。そのときの気持ちをハンセルは後にこう語っている。

自分の立場を主張しようとしたハンセルに対し、ノースタッドは言った。「君はたぶん戦争が戦われるべき形で戦うには上品すぎるんだ」(Nutter, 222)。ハンセルにとって、ノースタッドは古くからの親友だった。それだけにこのひと言には傷ついた。

なぜアーノルドがここまで結果を急いだのかについては、2017年8月13日に放送された「BS1スペシャル　なぜ日本は焼き尽くされたのか　～米空軍幹部が語った〝真相〟

〜」と、その書籍版である『日本大空襲「実行犯」の告白——なぜ46万人は殺されたのか』（鈴木冬悠人著）が詳しく追っている。このドキュメンタリーが何よりも強調したのは、陸軍航空軍が空軍としての独立を目指していたという点だ。そのためにアーノルドは空襲によって日本を降伏に追いこみ、空軍が戦争においていかに重要かを見せつけようとしたというのである。

と同時に、陸軍や海軍との主導権争いや予算の奪い合いがあった。B29の開発は、原爆開発の「マンハッタン計画」よりも金のかかったプロジェクトである。それなのに成果を出せなかったら、陸海軍に対して顔が立たない。マリアナ諸島の占領や基地建設はおもに海軍と海兵隊が担った。日本本土に上陸するとなれば、おもに陸軍の兵士たちが大きな犠牲を払うことになるだろう。マリアナ諸島からのB29による攻撃で結果を出さなければ、航空軍は陸海両軍から非難される。結果を出すしかない。

結果を出せる男

ルメイはグアム島に来るように命令され、自らB29を操縦して、1月7日に降り立った。何も知らされていなかったので、てっきり自分の部隊がマリアナ諸島に移動するという話だろうと思っていた。ところが、ノースタッドとハンセルと面会し、いきなりハンセルとの交代を切り出されて驚いた。ルメイの第20爆撃機集団とハンセルの第21爆撃機集団とを統合して、その司令官にルメイを据える。アーノルド将軍はルメイの副官としてハンセルを考えている、と（Nutter, 223）。

ルメイはハンセルのほうを見た。人物的に正反対の2人だったが、ルメイはハンセルを尊敬し、いい関係を保っていた。自分がこの交代劇の背後にいると思われたくなかった。しかし、ハンセルもルメイがそういう裏工作をする男ではないことは承知していた。自分が誰かと交代させられるのなら、ルメイほどの適任者はいないと考えている、と彼らしく紳士的な受け答えをした。しかし、ルメイがぜひ自分の副官としてとどまってほしいと言うと、それは断った（Nutter, 224）。

これは当然だろう。司令官を解任して、新しい司令官の副官とするというのは屈辱的な扱いだ。新しい司令官だってやりにくいだろう。配慮に欠けていたと言わねばなるまい。ハンセルはアメリカに戻って若手の訓練に当たることを選んだ。

ハンセルとルメイの交代は1月20日と決まった。それまでルメイはインドに戻り、移動の準備とともに、後任の司令官への引き継ぎをすることになった。当然ながら、ハンセルもそれまでは第21爆撃機集団の司令官としてミッションを遂行し続けた。

1月9日、ハンセル指揮の第21爆撃機集団は中島飛行機武蔵製作所を攻撃し、6機を失って、工場敷地内に着弾したのは24発のみだった。14日には73機のB29で名古屋の三菱重工航空機工場を攻撃し、4機を失ったが、標的に当たったのは4発にとどまった。

皮肉なことに、ハンセルの最後のミッションが最も成功したものとなった。1月19日、78機のB29で川崎航空機工業明石工場を攻撃し、晴天に恵まれて、62機が標的への爆弾投下に成功した。154トンの爆弾によって、工場のかなりの部分が破壊され、生産は90パーセント減少した。B29は1機も失われなかった。日本側の資料によれば、死者は工場関係で263人、地域全体で327人だったという。

ルメイ着任

ルメイはこの日(1月19日)にグアムに戻った。そして翌日の司令官交代のセレモニーに臨んだ。ラルフ・ナッターはサイパンでの用事からこの日にグアムに戻り、ルメイがいるのを見て驚いた。滑走路でのセレモニーを見守っていると、ノースタッドがハンセルの功績を称え、胸に勲章をつけた。セレモニーが終わると、ルメイがナッターに近づいてきて挨拶を交わした。シラキュースからミューロック時代のナッターの上官、ジョー・プレストン大佐がルメイに付き添っていて、ナッターにこう声をかけた。

「やあ、ラルフ、また一緒になったな。ついに太平洋に来てしまった」(Nutter, 227)

ナッターはプレストンから司令官交代のことを知らされた。ナッターは再びルメイの下で働くことになった。

翌21日、ハンセルはアメリカへと飛び立った。そして後進の指導に当たり、好きな読書や回想録の執筆にいそしんだ。戦争の表舞台からは完全に姿を消した。

同じ日、ルメイは初めての幹部ミーティングを開いた。スタッフのなかにはヨーロッパ戦線でルメイと戦った者が3人おり、ナッターもその一人だった。彼らに向けてルメイは言った。

「君たちは訓練と規律の重要さがわかっているはずだ。第73爆撃航空団のなかにはこの爆撃司令部や本部のスタッフに対して信頼を抱いていない者がいる。爆撃司令部の命令を無視した者がいるという話も聞いた。これがどの程度のものか、どういう理由なのかは知らないが、私の爆撃司令部ではこの種の行動は許さない。訓練と規律が生命を救う。我々は練習し、練習し、それでもまだ練習する」（Nutter, 229）

ルメイの鉄の意志がマリアナ諸島の爆撃機集団を動かし始めた瞬間だった。

第7章

日本を焼け野原にする——「鬼畜ルメイ」

（……）どう見ても、たくさんの民間人を殺すことになる。何千人も何万人も。しかし、日本の産業を破壊しなければ、日本本土に侵攻せざるを得なくなる。日本に侵攻したら、どれだけのアメリカ人が殺されることになるだろう？　低く見積もっても、50万人にはなると思われる。１００万人と言う者もいる。

（……）我々は日本と戦争をしているのだ。日本に攻撃されたのだ。あなたは日本人を殺したいのか、それともアメリカ人が殺されたほうがいいのか？（LeMay & Kantor, 352）

最初の試み

ハンセルから第21爆撃機集団の指揮を受け継いだルメイだが、すぐに無差別爆撃を始めたわけではない。彼はハンセルの白昼のピンポイント爆撃を踏襲しようとした。また、ハンセルがそれまで行ってきた爆撃も、第１目標は軍事施設としながら、第２目標は市街地に設定された、そちらを爆撃することもあった。その意味で、好戦的なルメイによって作戦が１８０度変わったというわけではない。

ルメイがまずやったのは、飛行高度を少し下げ、エンジンの負担や燃料の消費を抑えるとともに、爆撃の精度を高めようとしたことだった。また、選ばれた者たちに標的を徹底的に学ばせた。ルメイは自ら飛んで指示を出し、密な編隊を組む訓練もした。Ｂ29のメンテナンスや新しい滑走路の建設にも目を光らせ、能率を上げようとした。とはいえ、結果はなかなかついてこなかった。

最初のミッションは１月23日だった。73機のＢ29をハンセルのときと同じ高度で飛ばし、名古屋の航空エンジン工場を攻撃しようとした。１機が離陸時に墜落、１機が日本の戦闘機に撃墜され、厚い雲にも邪魔されて、23機しか工場に爆弾を落とせなかった。そのなかで標的に当たったのは４発の爆弾とわずかな焼夷弾だけだった。４日後は爆撃の高度を２万７千フィートに下げて中島飛行機武蔵製作所を目指したが、標的のエリアはやはり雲に覆われ、日本の戦闘機にも悩まされた。レーダーを使って標的のエリアに爆弾を落とせたのは56機のみで、９機を失った。日本の戦闘機はＢ29の編隊に突っこむという神風《かみかぜ》攻撃を行った。

続く模索

その後も2月の終わりまでに次々にミッションを遂行し、中島飛行機武蔵製作所のほか、神戸の工業地帯や群馬県太田市の中島飛行機工場などへの爆撃を試みた。しかし、1月23日から計8回のミッションで出撃機数は延べ1千を超えたが、ハンセルの成果を超えられたとは言えなかった。主要な標的に爆撃できたのは出撃機数の3分の1にすぎず、爆撃機を失う比率は6パーセント近くだった。中島飛行機武蔵製作所のダメージは4パーセント程度で、最優先とされた軍事施設が破壊できていなかった。

比較的成功したと言えるのは、ノースタッドの勧めに従って、ナパームを主とする焼夷弾と高性能爆弾とを合わせて使った攻撃のみだった。その一つ、2月25日のミッションでは、229機のB29がそれぞれ3トンの焼夷弾と500ポンドの高性能爆弾を搭載して出撃し、172機が標的に到達して、3万1千フィートの高さから焼夷弾を落とした。神田駅を中心に2・6平方キロの地域が焼け野原になり、2万8千棟近い建物が焼失、死者は195人だった。3月4日は192機のB29で出撃、中島飛行機武蔵製作所を第一目標としたが、そちらには1機も到達せず、159機が第二目標の東京市街地を広範囲に爆撃し、650人あまりが死亡した。

ルメイはここまでのミッションを振り返ってこう語っている。

「総合して考えると、最初の6週間から7週間、我々は大したことができていなかったことに私は気づいた。まだとても高いところを飛んでいて、上空のジェット気流に巻きこまれていた。天気はほとんどいつも悪かった」（LeMay & Kantor, 345）

ルメイを悩ませたのはこの天候だった。日本の天気はシベリアからもたらされる寒気に左右されるので、ソ連が気象情報をくれれば助かったのだが、彼らはここでも協力的ではなかった。2万5千フィートを超える上空にはほとんど常に激しい風が吹いているし、厚い雲に覆われている場合も多い。高度を下げて飛行したほうが爆撃の精度は増し、エンジンへの負担も軽くなる。対空砲や戦闘機に狙われやすくなるだろうが、失われたB29のうちこうした攻撃で撃墜されたのは30パーセント程度だった。多数は高高度までのぼって飛行することがもたらすエンジンの不調で飛行不能に陥ったのだ。

どうしたらいいのか。考えれば考えるほど、ルメイはインドのときのように、一度だけでも自分で飛び、状況を把握したいと熱望した。しかし、ミッションで飛ぶことは、彼にはもはや絶対に許されないことになっていた。

もたらされた極秘情報

ルメイがマリアナ諸島の司令官になった直後のことである。陸軍工兵隊の大佐が彼を訪ねてきて、「マンハッタン計画」なるものの説明をしていった。これまでの常識を超えた爆弾の開発が進められており、テニアン島に配備される予定なので、ルメイも協力してほしい。これは極秘中の極秘なので、そのための訓練を受けている兵士たちでさえ、何のための訓練か知らされていない。そしてこれを知ってしまった以上、ルメイは決してミッションに自ら飛んではいけない。

「それは原子爆弾だと言われた。そう言われても、あまり印象に残らなかった。大学で受けた物理の授業はずっと昔のこととなっていた。全般的に言えば、陸軍の男の言っていることは理解できた。我々はものすごく強力な兵器を持っている。しかし、戦争も最後に差しかかっており、私は忙しかった」(LeMay & Kantor, 379-80)

「マンハッタン計画」は、アルベルト・アインシュタインらヨーロッパ出身の科学者たちがローズヴェルトに進言し、ナチスドイツよりも先に原子爆弾を製造するように働きかけた結果、1942年に始まったプロジェクトである。陸軍工兵隊の准将、レズリー・グローヴズが責任者となり、気鋭の物理学者、ロバート・オッペンハイマーが中心となって、製造を進めていた。1945年1月には、完成の一歩手前まで来ていた。このことを知らされてしまったために、ルメイはミッションで飛べなくなってしまったのだ。*

ルメイは毎晩、床に就くと、現状への打開策を考え続けた。2月25日のミッションが示しているように、効果的なのは焼夷弾を使うことだ。アメリカとイギリスの連合軍は、194

5年2月13日から15日の空襲で焼夷弾を使い、ドレスデン市を焼け野原にしていた。死者は2万4千から4万人と言われている。おもに木と紙で作られている日本の家屋に焼夷弾、なかでもナパーム弾を使えば、もっと派手に燃え広がるというのは、実験結果からも明らかになっていた。

もちろん、これは民間人を殺傷することにつながる。ドレスデンの空襲について連合軍は、この市が通信と輸送の要地であるからだと説明していた。つまり、自分たちは軍事施設を攻撃したのであり、それに付随して民間人のなかに死者が出たとしてもしかたがない、と。日本に関しても、航空軍の上層部は住宅密集地への攻撃もやむなしと考えるようになっていた。日本は武器製造を支える小型部品の工場が住宅地の至るところにある。そういう場所を叩くためには、住宅密集地を狙わざるを得ない。それに、そもそも戦争をしかけてきたのは日本であり、日本に戦争をやめさせるためには、痛い目にあわせるしかない。そうしなければアメリカ軍の本土侵攻につながり、アメリカ人にも日本人にも、もっともっと多数の死者が出

＊　これはルメイ自身の回想によるもので、伝記作家たちもそれにならい、ルメイは1945年1月から原爆について知っていたとしている。しかし空襲研究の工藤洋三氏は、米軍中枢部でも原爆の詳細をあらかじめ知っていたのはごくわずかであり、ルメイに詳細が知らされたのももっと後だったのではないかと筆者に語ってくれた。

ることになる。

夜間低空飛行爆撃へ

ルメイは信頼する第314爆撃航空団の指揮官、トマス・パワー准将と案を練っていった。飛行高度は7千から5千フィートまで下げる。そうすれば燃料が少なくてすみ、その分、たくさんの爆弾を搭載できる。日本のほとんどの戦闘機は昼間に戦う訓練しか受けていないようなので、アメリカ側は防御のための銃砲や弾薬を持つ必要がなくなり、その分、さらに爆弾を積める。日本の対空砲はもっと高いところに照準を定めているので、低空を飛んだほうが安全だ。編隊は組まず、3列になって飛んでいく。先頭のグループが標的エリアの最前部と最後部に焼夷弾を落とし、それとは直角の方向に飛んできた別のグループも標的エリアの最前部と最後部に焼夷弾を落とす。あとから来た爆撃機は、燃えている4カ所の中間にどんどん焼夷弾を落としていけばいい。

3月1日、ノースタッドがグアムを訪れ、今後の戦略についてルメイと話し合った。ノースタッドは、使用するナパーム弾の比率を上げるように勧めた。ルメイは同意したが、高高度からの爆撃では成果があまり期待できないと言った。高度をできたら1万フィート以下まで下げ、夜間に行ったらどうか。そのほうが敵の対空砲や戦闘機に狙われにくくなる。夜間だと標的も見にくくなるが、日本の標的は沿岸部が多いので、レーダーで陸と海の境い目を見極めるのはたやすい。英国空軍が行ってきた、夜間の焼夷弾爆撃をついに始めようというのである。

ルメイには一つの懸念があった。これに失敗したら、〝ハップ〟・アーノルドに責任が及ぶのではないか。それは避けたい。自分の判断でやったこととして、自分で責任を取りたい。ノースタッドもその点は同意した。アーノルドが作戦の細部まで知る必要はない。ただ、彼は結果を欲しがっている。結果を出せ。

ルメイは、実質的にノースタッドにこう言われたものと考えた。

「結果を出さなければおまえは首だ。また、結果を出さなければ、太平洋戦略空軍も実現しない。……もしおまえが結果を出さなければ、最終的には日本への大掛かりな水陸両面の侵攻となり、おそらくさらに50万人のアメリカ人の生命が失われることになる」（LeMay & Kantor, 347）

空襲前のミーティング

ルメイは腹をくくり、スタッフミーティングを招集した。ノースタッドが見守るなか、トマス・パワー、〝ロージー〟・オドネル、ジョン・H・デイヴィーズなど、爆撃航空団の指揮官たちが集まった。ラルフ・ナッターも航法士の主任として同席した。ルメイはまず、昼間のピンポイント爆撃から夜間の焼夷弾を使った攻撃に切り替えると言った。7千から5千フィートの高さから、東京にナパームを主とする焼夷弾を落とす。白昼の高高度からの爆撃では、我々に期待されている仕事ができていないからだ。そう言った上で、ルメイはトマス・パワーとともに練ってきた作戦の詳細を説明した。

参加者たちは、当然ながら疑問を投げかけてきた。これは英国空軍が行ってきた無差別爆撃と同じではないのか？　こういう爆撃を我々は避けようとしてきたのではないか？　それに対してルメイはこう答えた。

「民間人にある程度の死傷者を出すことなく戦争に勝つことはできない。（……）我々が戦争を始めたのではないのだし、早く戦争を終わらせれば終わらせるほど、たくさんの命を救うことになる――アメリカ人の命だけではない。できることなら民間人の殺害は避けたいが、これは頭に入れておいてくれ。兵器を製造する日本人の労働者も彼らの軍事機構の一部だ。私の第一の義務は、我々のクルーの命をできる限りたくさん守り、救うことなのだ」

(Nutter, 237)

ルメイは各爆撃航空団のリーダーたちに指示を出してミーティングを締めくくった。夜間のミッションの訓練をするように。航法士たちには「天測航法」の練習をさせるように。さらにラルフ・ナッターには、サイパン島とテニアン島に行き、それぞれの航法士たちと話し合って、航法とレーダーを使う訓練のプログラムを作るようにと言った（Nutter, 237）。

前述した理由により、ルメイは自ら飛ぶことができなかったので、トマス・パワーを全体の指揮官に任命した。

兵士たちの信頼

ミッションの当日、3月9日の午後、パワーはクルーたちの前で作戦の説明を始めた。これから300機のB29で出撃し、深夜の東京に焼夷弾を落とす。先にグアム島からの爆撃航空団が数カ所に焼夷弾と照明弾を落とし、標的をわかりやすくして、あとから来たほかの爆撃航空団がそのエリア全体を爆撃する。だいたいのことは感づいていたものの、兵士たちが衝撃を受けたのはパワーの次の言葉だった。
「我々は7千フィートの高度から標的を攻撃する。第73爆撃航空団は5千フィートから、第313爆撃航空団は6千フィートからになる」（Nutter, 239）
こんな低高度で標的エリアに入っていく？　対空砲の餌食になるのではないか？　自分たちは生き残れないのではないか？
そういうクルーたちの疑問に対してパワーは、ルメイと調査してきたことを説明した。日本はこんなに低空からの夜間攻撃を予期していない。そのため、それに対する備えが対空砲も戦闘機もできていない。さらに言えば、これまでのミッションでB29が墜落した原因は、日本の攻撃によるものより、エンジンや機械の不調によるもののほうが多かった。それは高高度までのぼることから引き起こされたのだ。積み荷が軽くなり、夜の闇に守られるので、こちらのほうが安全である。

パワーは続けて言った。ルメイ将軍は航空軍の誰よりも実戦の経験を積んできた人である。彼が爆撃機を失った率は、どの司令官よりも低い(Nutter, 240)。

このときのミーティング室の雰囲気を、一人の将校が証言している。それによれば、部屋には「興奮と関心とやる気が目に見えて溢れていた」(Kozak, 219)。マリアナ諸島に来てからの6週間で、ルメイは兵士たちの信頼を勝ち取っていたのだ。ラルフ・ナッターは言う。「彼の厳格で要求の多い訓練のプログラムと、B29のエンジンやメカの問題を解決するのに直接関わろうとする姿勢は、戦闘部門であれメンテナンス部門であれ、どちらの人員の士気も上げた。彼らは彼のリーダーシップと判断に信頼を置いていた」(Nutter, 239)

ファイアストーム

グアム時間の午後5時少し前、最初の爆撃機が出撃するのを、ルメイは管制塔から見送った。航法士の主任であるため、ナッターも飛ぶことを許されず、ルメイとともに待機していた。ルメイは1機1機飛び立つのを最後まで見守った。

天候にも恵まれ、作戦は想定以上に順調に進んだ。最初の爆撃機が午前零時すぎに爆弾投下を始め、すさまじいファイアストームが東京を襲った。標的エリアの四方が大火災になっていたため、人々は逃げ場を失い、消火活動もままならなかった。隅田川に飛びこんで水死した人たちもいた。攻撃は午前3時くらいまで続いた。

俺は芸者屋もやったぞ 下は
ニューヨークの様に明るい

ロバート・K・モーガン

このミッションに第73爆撃航空団の中隊長として参加したロバート・K・モーガンは、NHK特集のドキュメンタリー『東京大空襲』(1978年放映)に出演し、次のように回想している。「2時に東京に着いたとき、燃え残りを探すのに苦労した。爆撃手は狙いも定めず、ただ爆弾を落とした。そして言った。〝俺は芸者屋もやったぞ。下はニューヨークの5番街のように明るい〟」

同じミッションに参加したチェスター・マーシャルは、回想録で次のように語っている。「焼夷弾は地面に当たっ

東京大空襲で焦土化した現在の墨田区両国付近
（©US military photography）

た瞬間、たくさんのマッチを一度に擦ったように見え、数秒のうちにその小さな炎の群れが集まって、単一の大きな火炎となった。私たちは火炎の先端あたりに爆弾をいちどきに投下して、湧き起こる煙の雲のなかに突っこんでいった」。さらに彼は「燃えさかる火で起こった下からの熱風による強烈な上昇気流に機体が持ち上げられ、極度に大きい重力のために座席に引きつけられて身動きできなくなった」とも言っている（Marshall, 147）。

モーガンも回想録のなかで、マーシャルが経験したのと同じ激しい上昇気流のことを語っている。「上昇気流は気持ちの悪くなるにおいを一緒にもたらした。鼻について離れないにおいだった――焼かれた人間の肉のにおいだ。あとになって、乗組員たちのなかにはこのにおいのために息を詰まらせたり、吐いたりした者がいたという話を聞いた。気絶した

東京空襲犠牲者を追悼し平和を祈念する碑
（両国・横網町公園、著者撮影）

者もいたらしい」（Morgan, 371）

下界では数万の人々が生きたまま火あぶりにされていたのだ。黒焦げになった遺体がそこらじゅうに転がった。

10万人の死者

この地獄絵図を描くのはほかの資料に任せるとして、ここでは統計的なことだけを記しておこう。総務省のホームページ「東京都における戦災の状況（東京）」には、「昭和20年3月9日深夜から10日にかけての大空襲は、全焼家屋約26万7千戸、死者約8万4千人に及んだとされている（昭和37年警視庁史昭和前編）」とある。

死者数は資料によってまちまちだ。東京大空襲・戦災資料センターのホームページには「罹災家屋は約27万戸、罹災者は約100万人」で、「焼死、窒息死、水死、凍死など、9万5千人を超える方が亡くなりました」となっている。『日本大空襲「実行犯」の告白』には、「東京大空襲の犠牲者は12万人とも言われているが、今も、正確な数字はわかっていない」(鈴木 168)とある。

『米国戦略爆撃調査団報告書』は、「工業的目標としての番号が打ってあったうちの22の目標と、ほかに多数の未確認の工場が破壊もしくは損害を受けた」としている(奥住・早乙女 249)。とはいえ、焼き尽くされたのはほとんどすべて市街地だ。「工業的目標」といっても、小さな工場にほかならない。言い換えれば、わずか22の中小工場を破壊するために、10万人もの人々が殺されたことになる。

ルメイは午前零時を少し過ぎたとき、東京が燃え上がったという最初の無線連絡を受け取った。歓声を上げるまわりの人々を制し、こちら側の犠牲がはっきりするまで喜ぶのは待てと言った。夜が明けてから、ミッションを終えたB29が帰り始めた。ルメイは滑走路に出て、降りてくる兵士たちを出迎えた。トマス・パワーは、降りてくるなりルメイに向かって叫んだ。

「最高のミッションでしたよ」(Coffey, 164)

ルメイは帰ってきた兵士たちにさっそく聞き取り調査を始めた。一人の兵士がルメイに対して怒りをぶつけてきた。ルメイのことをクソ野郎（son of a bitch）と呼び、おまえが5千フィートの低空で飛ばせたから仲間が死んだじゃないかと責めた。それに対してルメイは激することなく、「どうして我々はここにいるんだ？」と逆に問いかけた。そして、「一人を失ったが、東京を破壊したじゃないか」と諭した。これまでの聞き取りでもルメイは兵士たちに自由に発言させ、自分に対する非難も許してきたのである（Kozak, 231-32）。

このエピソードは、後のベトナム戦争時の国防長官、ロバート・S・マクナマラが、ドキュメンタリー映画『フォッグ・オブ・ウォー　マクナマラ元米国防長官の告白』のなかで語っているものである。マクナマラはハーヴァード大学で経営学の学位を取得したあと、すぐに助教授として教え始めた超秀才。統計学に長けていたので、爆撃の効率性や効果を分析する役割で航空軍の大尉になり、インド時代からマリアナ諸島までルメイとともに働いていた。彼は同じ映画のなかで、ルメイがこのときこう打ち明けたと述べている。

「我々が戦争で負けたら、みんな戦争犯罪人として裁かれるな」

ルメイ自身、これが戦争犯罪として裁かれ得ることは承知していたのだ。しかし、勝てばよいのだと考えていた。いや、絶対に勝てると信じていたからやれたのである。

マクナマラはルメイのことを「私が戦争で出会ったなかで最高の司令官である」と称えな

がらも、「並外れて好戦的であり、多くの人は彼を残忍だと考えた」と述べている。1961年に彼が国防長官になったとき、ルメイは空軍の参謀総長となっており、2人は新型爆撃機の導入やキューバ危機、ベトナム戦争に関して何かと対立することになる。

このミッションで失われたB29の数は14機だった。全体の5パーセント以下で、これは1943年夏のドイツでのミッションよりもずっと少ない。日本の対空砲に撃墜されたのは1機だけで、ルメイの判断が正しかったことが証明された（Nutter, 243）。あとの13機は、敵の攻撃以外の理由によるものだった。火災によるファイアストームがすさまじい上昇気流を引き起こし、B29が激しく揺さぶられて墜落した例もあった。これは彼らが予期していなかった事態だった（Nutter, 242）。

畳みかける爆撃

東京大空襲の知らせを聞いて、〝ハップ〟・アーノルドは大いに喜び、すぐにルメイに「おめでとう」という電報を打った。アメリカ本国では、無差別爆撃を憂慮する声も上がったが、反応はだいたい好意的だった。軍隊内では、陸軍長官のヘンリー・スティムソンだけがアーノルドを問いただしたが、アーノルドは日本の軍需工場が住宅街に散らばっているためだという説明をし、スティムソンもそれ以上は追及しなかった。新聞もその説明を繰り返し、東京への空襲を快挙として報道した。日本軍の兵士たちが全滅するまで戦おうとし、民間人さえも道連れにしようとしているだけに、アメリカ側の犠牲を少なくするためには、民間人の死傷者もやむなしという姿勢だった。

日本の民間人への攻撃をアメリカ人全般が肯定的に受け止めたのは、「彼らのほうが先にやった」という意識も働いていた。真珠湾攻撃のことはもちろん、民間人への無差別爆撃に関しては、日本軍が重慶への攻撃で先に行っていたからだ。また、日本軍が捕虜を残虐に扱っているという話も出回っていた。日本の民間人がその報復を受けたとしても、それは自業自得のようなものだと、多くのアメリカ人は考えたのである。

ルメイは日本側が夜間の低高度からの爆撃に備える前に、同じ攻撃を畳みかけたいと考えた。そこで３月12日、３１２機のＢ29で名古屋を攻撃した。２８５機が標的エリアに到達し、１７４０トンの焼夷弾を投下。東京のときほど風で火が燃え広がることはなく、焼失面積は市中心部の約５・３平方キロ、死者数は５３８人だった。撃墜されたのは１機のみだった。

これを失敗であると判断したルメイは、続いて３月13日から14日未明、大阪を攻撃し、もっと短い間隔で焼夷弾を投下するように指示を出した。その結果、約21平方キロが焼け野原になり、約４千人が死亡、50万人が家を失った。破壊された大きな工場の数は１１９、失われたＢ29は２機だった。３月17日には神戸を攻撃し、神戸市の西半分を壊滅させた。死者数は2669人。3月19日には再び名古屋を爆撃し、死者は826人、罹災者14万2887人に達した。ここで焼夷弾がなくなったため、小休止せざるを得なくなった。

スターベイション作戦

焼夷弾が尽きたのは、それを運んでいる海軍が航空軍の要請どおりに輸送しなかったためだ、とルメイは言う。彼が予定の出撃回数を告げ、必要となる焼夷弾の量を伝えても、海軍のスタッフは「そんなに出撃できるわけがない」と、鼻で笑ったというのである（Coffey, 168)。ルメイは次の回想に悔しさをにじませている。

「日本の産業の士気を挫いたのは炎を雨あられのごとく降らせた結果だった。日本軍の心臓部を粉々にし、国民を打ちのめして、彼らが降伏を受け入れられる――そして、受け入れる――状態に追いこんだのだ。高性能爆弾ではなく、焼夷弾がこれをやり遂げた。その降伏を急がせるための焼夷弾が尽きてしまったのである」（LeMay & Kantor, 368)

焼夷弾さえ尽きなければ、この攻撃をさらに継続し、もっと日本の降伏を早められたのに。そう残念がる口調である。

焼夷弾の貯えがなくなり、第21爆撃機集団は高性能爆弾を使った夜間精密爆撃を試み、3月24日と30日に名古屋の三菱重工を低高度から爆撃した。しかし満足のいく結果を出せずにいるうち、海軍からの要請で別のミッションにも携わることになった。海軍の沖縄上陸作戦を支援するために、九州の飛行場への爆撃を開始したのである。アメリカの軍艦を攻撃する日本の戦闘機、特に神風特攻隊が、九州の飛行場から飛び立っているためだった。第21爆撃機集団は3月27日の大刀洗飛行場（福岡）、大村飛行場（長崎）、大分飛行場などへの爆撃に始まり、5月11日までに百回もの猛爆を加えた。

同じ時期、第21爆撃機集団は別のミッションも託された。日本の沿岸への機雷投下である。日本は天然資源の多くを海外からの輸入に頼っているため、船が港に着けなければ、武器製造に壊滅的な打撃を受ける。特に関門海峡に重点的に機雷を落とし、通過不能にしてしまえば、船は瀬戸内海に入れなくなり、中国地方や近畿地方の工場に原料が届かない。必需品の流通が滞れば、国民の生活も窮乏する。作戦のコード名は「飢餓」を意味するスターベイション。まさに日本を飢餓に追いこむ作戦だった。

ルメイはこれらの作戦に乗り気とは言えなかったが、上層部の判断を尊重し、忠実に責務を果たした。航空軍は総計で1万2千の機雷を落とし、日本の船による輸送を10分の1にまで減らすことに成功した。日本国内は深刻な食糧不足に陥った。ラルフ・ナッターはこの作戦を「ルメイが日本の降伏に戦略的に貢献した最大のものだったかもしれない」と述べている（Nutter, 249）。

市街地空襲の再開

4月12日、フランクリン・デラノー・ローズヴェルトが急死した。後任には副大統領のハリー・S・トルーマンが就任。その前年、ローズヴェルトのパートナーとして抜擢されるまでは、知名度の低い一上院議員にすぎない人物だった。外交経験はほとんどない。老獪《ろうかい》なチャーチルやスターリン相手に彼が渡り合えるのか。ローズヴェルトの死は、戦後の世界の行方を大きく左右する出来事となった。

一方、ヨーロッパでの戦線は終息に近づきつつあった。約一カ月後にはベルリンが陥落し、ドイツは無条件降伏する。そのため航空軍は、ヨーロッパやインドの基地にいる爆撃隊を少しずつマリアナ諸島に集結させていった。B29は増産体制に入り、マリアナ諸島に続々と送りこまれていた。4月中旬、再び焼夷弾がマリアナ諸島に運びこまれ、以前よりも大きな部隊による焼夷弾投下が可能となった。ルメイは夜間の空爆作戦を再開した。

4月13日、第20航空軍は327機のB29で東京を爆撃し、2139トンの爆弾を落として、皇居の西北約30平方キロを焦土とした。2日後には303機で東京南部と川崎の市街地を攻撃、1930トンの爆弾で30平方キロ弱を破壊した。もう2回のミッションのあと、しばらくは海軍要請のミッションに集中せざるを得なかったが、5月14日にはまた市街地への大がかりな爆撃を再開、529機で名古屋を攻撃し、9平方キロを焼失させた。

その後もルメイは大都市を次々に焼け野原にしていった。5月17日には再び名古屋、24日と25日から26日にかけては東京、29日には横浜、6月1日には大阪、5日には神戸、7日にも大阪、さらに15日にも大阪を攻撃。6月中旬までに、東京の150平方キロ、名古屋の32平方キロ、神戸の23平方キロ、大阪の40平方キロ、横浜の23平方キロ、川崎の9平方キロを炎上させた。

「鬼畜ルメイ」

この頃には、ルメイは日本でも名の知れた存在となっていた。新聞やラジオは、ルメイの爆撃を民間人への無差別攻撃であるとして非難し、彼を「鬼畜」と呼んだ。『朝日新聞』は早くも3月13日に「鬼畜ルメー［ママ］暴爆断じて怖れじ」という見出しの記事を掲載、ルメイを「鬼畜のごとき異常性格者」と呼んでいる（『東京大空襲・戦災誌』第四巻152-53）。6月7日の同新聞、「元凶ルメー［ママ］思ひ知れ」という記事には、「嗜虐性精神異常者のお前は、焼ける東京の姿に舌舐めずりをして狂喜してゐるに相違ない」（同188）とある。6月17日付の『週刊毎日』の「焼け跡の花売り」という記事は、ルメイのことを「アメリカのギャングの巨魁を想はせる陰惨で無知で、ただ殺戮にのみ興味を感じる犯人型の顔貌の持主」と呼んでいる（同 244）。
ルメイ本人は回想録で、日本でこのように誇張され、怪物のように扱われたというのをおかしそうに紹介している（LeMay & Kantor, 381）。

中小都市爆撃

6月半ば、〝ハップ〟・アーノルドが視察と司令官たちとの協議のためにマリアナ諸島にやってきた。そしてグアム島で今後の戦況と、航空軍が取るべき作戦について、ルメイたちと話し合った。陸海軍は11月に日本本土侵攻を考えている。航空軍が空爆によって、日本をそれより前に降伏に追いこめば、多くのアメリカ兵の命を救うことになる。航空軍は戦勝に最大の貢献をしたことになり、空軍独立の悲願を果たせるのではないか。その見通しについてアーノルドはルメイに率直な意見を求めた。

ルメイは標的のリストを精査した上で答えた。中小の都市も含め、まだ30から60の工業都市が爆撃されずに残っている。それらを爆撃していけば、10月1日には日本の産業を完全に破壊できる。ルメイのこの言葉をアーノルドは信じた。そこで6月18日に予定されている統合参謀本部のミーティングにルメイを出席させ、本土侵攻が必要ないと主張させることにした。ルメイはすぐに自ら操縦室に座り、グアムからハワイへ、そしてハワイからはノンストップでワシントンまで飛んだ。しかし、ミーティングではジョージ・マーシャル将軍が居眠りをしており、ほかの将軍たちもみな本土侵攻を決定済みの作戦と思っている様子だった。

このときルメイは原爆開発の責任者であるレズリー・グローヴズと会い、原爆投下の作戦についても話し合った。グローヴズは原爆の大きさから言って、B29でなければ運べないこと、クルーの安全を確保するためにかなりの高高度から投下しなければならないことなどを告げた。さらにグローヴズは、原爆が7月の終わりにテニアン島に届く予定だと伝えた。ルメイは、編隊を組んで原爆投下に向かうのは注意を引くのでやめたほうがいいと言い、1機だけならば、偵察機だと思われて警戒されないだろうとアドバイスした。グローヴズはそれに同意した。

その後、ルメイは標的を中小の都市にも向け、爆撃を続けていった。アメリカ軍が日本本土に上陸する前に、航空軍で日本を降伏に追いこむためだ。6月17日に鹿児島、大牟田、浜松、四日市を焼夷弾で攻撃し、4市合計で5千人以上の人を死亡させると、その後も標的のリストにあがっている都市を順に叩いていった。一晩に3都市か4都市を攻撃し、豊橋、静岡、福岡、岡山、佐世保、門司、延岡など、軍事施設のある都市が焼き尽くされた。少なくとも週2回、日本の諸都市への爆撃を行い、7月終わりには、60の都市が破壊されていた。

一方で、空襲による民間人の死傷者が減るように、ビラを蒔いて避難を呼びかけることも

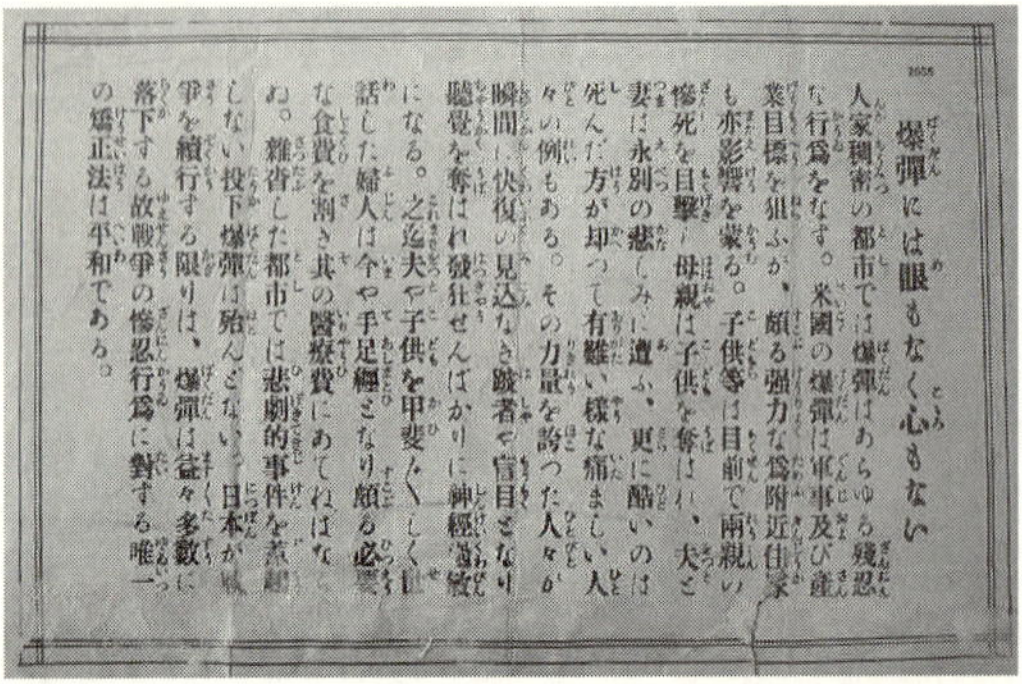

爆弾《ばくだん》には眼《め》もなく心《こゝろ》もない

人家稠密《じんかちうみつ》の都市《とし》では爆弾《ばくだん》はあらゆる残忍《ざんにん》な行爲《かうゐ》をなす。米國《べいこく》の爆弾《ばくだん》は軍事及《ぐんじおよ》び産業目標《さんげふもくへう》を狙《ねら》ふが、頗《すこぶ》る強力《きやうりよく》な爲附近住家《ためふきんぢうか》も亦影響《またえいけう》を蒙《かうむ》る。子供等《こどもら》は目前《もくぜん》で兩親《りやうしん》の惨死《ざんし》を目撃《もくげき》し母親《はゝおや》は子供《こども》を奪《うば》はれ、夫《をつと》と妻《つま》は永別《えいべつ》の悲《かな》しみに遭《あ》ふ。更《さら》に酷《ひど》いのは死《し》んだ方《はう》が却《かへ》つて有難《ありがた》い様《やう》な痛《いた》ましい人々《ひとびと》の例《れい》もある。その力量《りきりやう》を誇《ほこ》つた人々《ひとびと》が瞬間《しゆんかん》に快復《くわいふく》の見込《みこみ》なき跛者《はしや》や盲目《もうもく》となり聽覺《ちやうかく》を奪《うば》はれ發狂《はつきやう》せんばかりに神經過敏《しんけいくわびん》になる。之迄夫《これまでをつと》や子供《こども》を甲斐《かひ》々々しく世話《せわ》した婦人《ふじん》は今《いま》や手足纏《てあしまと》ひとなり頗《すこぶ》る必要《ひつえう》な食費《しよくひ》を割《さ》き其《そ》の醫療費《いれうひ》にあてねばならぬ。雜沓《ざつたふ》した都市《とし》では悲劇的事件《ひげきてきじけん》を惹起《ぢやうき》しない投下爆弾《たうかばくだん》は殆《ほと》んどない。日本《にっぽん》が戰爭《せんさう》を續行《ぞくかう》する限《かぎ》りは、爆弾《ばくだん》は益々多數《ますますたすう》に落下《らくか》する故戰爭《ゆゑせんさう》の惨忍行爲《ざんにんかうゐ》に對《たい》する唯一《ゆゐいつ》の矯正法《けうせいはふ》は平和《へいわ》である。

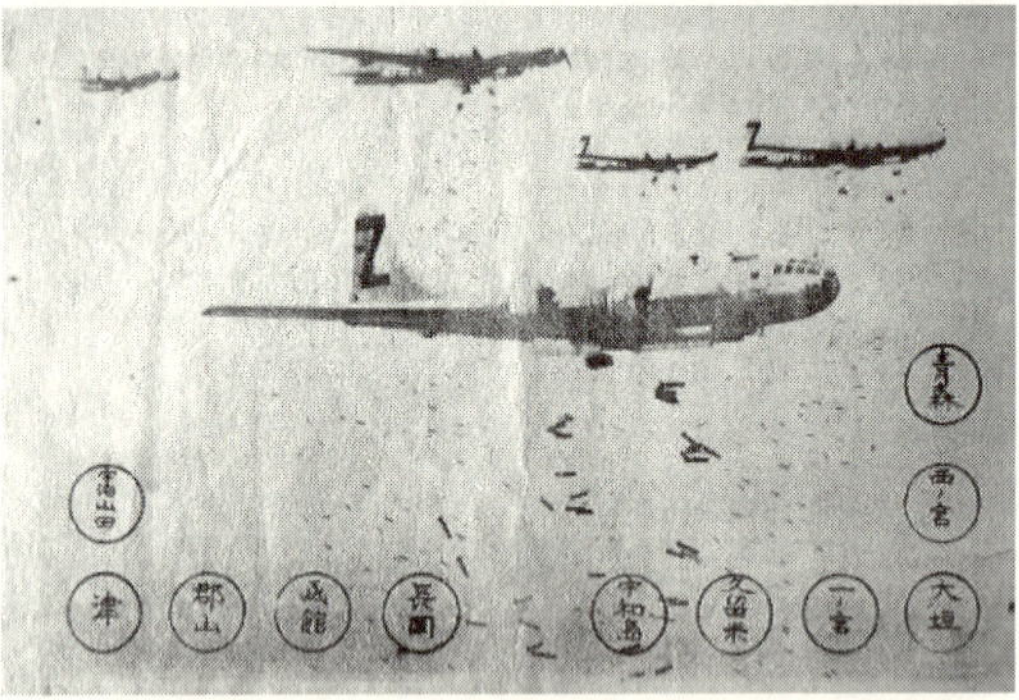

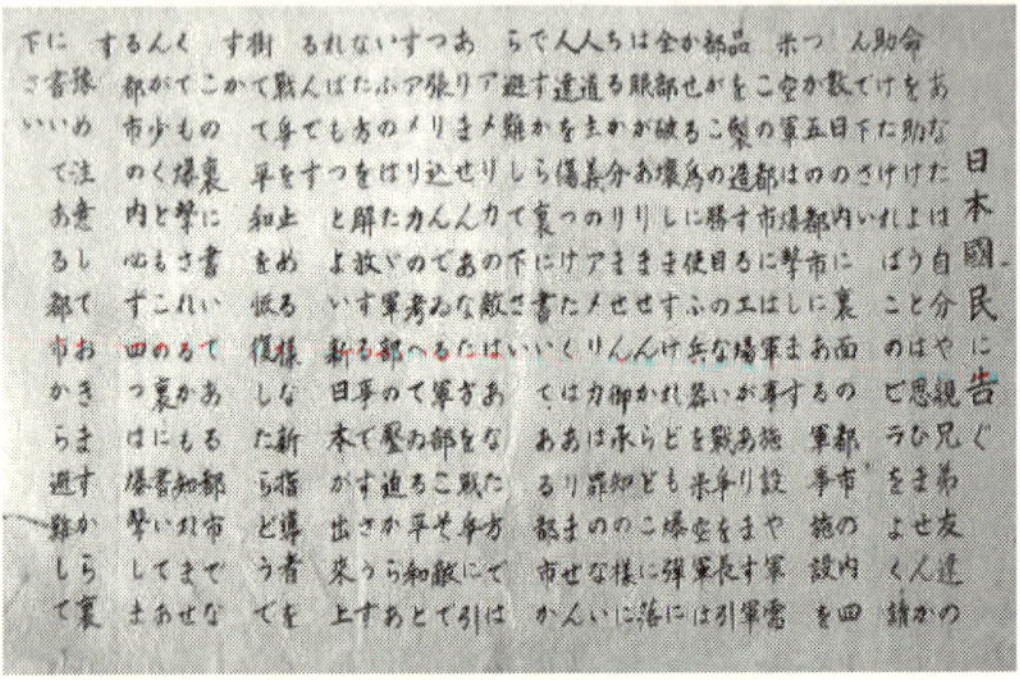

日本國民に告ぐ

あなたは自分や親兄弟友達の命を助けようとは思ひませんか助けたければこのビラをよく読んで下さい

数日の内に裏面の都市の内四つか五の都市にある軍事施設を米空軍は爆撃します

この都市には軍事施設や軍需品を製造する工場があります軍部がこの勝目のない戦争を長引かせる為に使ふ兵器を米空軍は全部破壊しますけれども爆弾には眼がありませんからどこに落ちるか分りません御承知の様に人道主義のアメリカは罪のない人達を傷つけたくはありませんですから裏に書いてある都市から避難して下さい

アメリカの敵はあなた方ではありませんあなた方を戦争に引つ張り込んでゐる軍部こそ敵ですアメリカの考へてゐる平和といふのはたゞ軍部の圧迫からあなた方を解放する事ですさうすればもつとよい新日本が出来上るんです

戦争を止める様な新指導者を樹てて平和を恢復したらどうですか

この裏に書いてある都市でなくても爆撃されるかも知れませんが少くともこの裏に書いてある都市の内必ず四つは爆撃します

豫め注意しておきますから裏に書いてある都市から避難して下さい

ビラの例。岐阜県歴史資料館蔵のもの

した。「日本国民に告ぐ、即刻都市より退避せよ」といった見出しに続いて、記載されてある都市のうち、4から5の軍事施設を数日中に爆撃するので避難してほしいと呼びかけている。さらに「国民は悪くない、悪いのは国民を戦争に引きこんだ軍部である」とか「戦争をやめる指導者をたてて新しい日本を作ってはどうか」などと説いている。最初はあまり効果がなかったが、ルメイは「我々がリストにある最初の3都市をさんざん叩いたら、残りの都市はあっという間に人がいなくなった」と言う（LeMay & Kantor, 375）。

ポツダム宣言

6月の最終週、第509混成部隊の指揮官、ポール・ティベッツ大佐がテニアン島にやって来た。すでに5月に到着していた部隊と、ティベッツと一緒に来た者たち、すぐあとに到着する者たちが集結し、7月8日には特別な訓練が開始された。原爆投下に備えた最終仕上げである。ティベッツは6月27日にグアムに飛び、ルメイと話し合った。マリアナ諸島では、ティベッツはルメイの指揮下に入るが、命令はワシントンから直接受ける。微妙な関係と言えるが、ルメイ自身は何も面倒なことは感じていなかったようだ。

本土侵攻に備え、7月から8月にかけて、第20航空軍の本部がワシントンDCからマリアナ諸島に移った。第21爆撃機集団は7月16日に第20航空軍のなかに編入され、〝トゥーイ〟

・スパーツが太平洋戦略航空軍の指揮官に、ルメイは参謀長になった。ネイサン・トワイニング、ジェイムズ・ドゥーリトルらも指揮官として着任した。とはいえ、すべての爆撃機集団はその後もルメイの指示で動いており、実質的な変化はほとんどなかった。

7月16日、ポツダム会談が開かれ、トルーマン大統領がイギリスのチャーチル、ソ連のスターリンと話し合った。ここでソ連が日本に参戦することが決まった。会談の途中でトルーマンが原爆実験成功の知らせを受け、急にスターリンに対して強い態度を取るようになったというのは、よく知られている逸話である。ソ連を牽制し、アメリカが戦争を終わらせたように見せるためにも、原爆を使用したい。トルーマンはそう考えたと言われている。ローズヴェルトだったらその決断はしなかっただろうという説もあるが、言うまでもなく推測の域を出ない。

原爆投下

7月26日、原爆が巡洋艦によってテニアン島に運びこまれた。ワシントンからは、原爆を8月3日以降に広島、小倉、長崎のうちの2都市に落とすべしという指令が来た。ルメイはティベッツと話し合い、天気予報を確かめつつ準備を手伝った。

その一方、ルメイは、この作戦の行方や成果がわからない以上、自分たちの作戦を変えることはできないと考え、原爆と競い合うように中都市への爆撃を進めていった。8月1日から2日にかけては陸軍航空軍の創立記念日に合わせて特段に激しい空襲が企画され、八王子、長岡、水戸、富山で約5千人の死者を出した。8月5日から6日にかけては西宮、佐賀、前橋、今治、8月8日には八幡と福山、そして8月14日から15日にかけては熊谷と伊勢崎を爆撃した。この2都市を攻撃したクルーは、マリアナ諸島に戻ってから、戦争終結を聞かされた。

第509混成部隊は8月6日に広島、9日に長崎に原爆を投下した。この二度の原爆投下によって、1945年12月末までに広島で約14万人、長崎で約7万4千人が亡くなったとされている。ただし、爆撃の数日内で亡くなった死者数を比べれば、東京大空襲のほうが多い。もちろん、核兵器の残酷さは、一発の爆弾でこれだけの殺傷能力があり、その後も放射能被害がずっと続くということにあるのだが、だからといってナパーム弾のほうが「まし」という問題でもない。どちらも非人道的な兵器であり、非人道的な空爆である。

日本ではルメイが「原爆投下命令を実行」(『朝日新聞』などの訃報記事)したと紹介されることが多いが、これは正確とは言えない。最高司令官である米大統領が命令を出し、第509混成部隊が実行した。航空軍は、トップの〝ハップ〟・アーノルドでさえ、その決断にほとんど関与していない。ルメイは基地の司令官として命令書を手渡し、ゴーサインを出しただけである。

では、原爆投下についてルメイはどう考えていたのか。実際家の彼らしく、使える兵器は使わなければ意味がないという考えで、原爆投下を肯定はしている。だがその一方、「ソ連の対日参戦や原爆投下がなくても、2週間以内に日本は降伏しただろう」(*New York Times*, September 21, 1945)と戦後すぐに発言したことでも知られている。自分たちの空爆だけで充分だったという意味である。

戦争終結

こうして8月15日、昭和天皇による玉音放送が流れ、日本は降伏した。日本じゅうが焼け野原になっていた。ルメイらの空爆によってどれだけの犠牲者が出たかについて、『日本大空襲「実行犯」の告白』は次のような数字をあげている。

「1944年11月24日にハンセルが行った空爆を皮切りに、1945年8月15日の終戦までに、日本本土への空爆は約2千回も行われた。ほぼ全ての都道府県が攻撃対象となり、爆撃された地域は237カ所にものぼった。投下された焼夷弾の数は2040万発。(改行)一連の無差別爆撃の犠牲となった人々は、原爆による犠牲者を含めると、少なくとも45万8314人」(鈴木 186)

このうち原爆による1945年末までの死者は半数弱だ。残りの死者の大部分はルメイの空爆によるものと言っていいだろう。

さらに『日本大空襲「実行犯」の告白』は、特に6月17日以降、焼夷弾爆撃が地方にも拡大し、犠牲者の数が膨れ上がっていったと指摘し、その背景にはアメリカ陸軍航空軍の「空軍独立という野望」があったと解釈している。原爆は陸軍の仕事であり、航空軍は運び屋にすぎなかった。航空軍は原爆なしでも自分たちの手で戦争を終わらせたという実績を求めていたのだ。

ルメイは8月15日の夜、戦争終結の知らせを受け取った。基地に放送が流され、兵士たちからは歓声が上がった。しかし、それは長く続かなかった。すぐに灯りが消され、島は静まり返った。クルーたちはこの2カ月、ひと月に120時間のペースで飛んでおり、地上の人員はフル稼働でB29のメンテナンスをしていた。彼らはようやくゆっくり休めるようになったのだ。「みんな、お祝いをするには疲れすぎていた」とルメイは回想している（Coffey. 181）。

航空軍のミッションはこの日からがらりと変わった。日本にいるアメリカ軍の行方不明者を見つけ出し、救出することが最優先事項となった。ルメイは日本に向けて偵察機を飛ばし、捕虜収容所を見つけ出すとともに、捕虜たちのために食料や薬品を投下させた。

数日後、ルメイはアメリカの代表団の一員として、C54輸送機で横浜に降り立った。アメリカの飛行機が日本に降り立つのは、戦争開始以来、これが初めてだった。彼は9月2日のミズーリ号での降伏文書調印式にも参加することになっていた。5年前には大尉にすぎなかった男が、いまや少将となり、トップの将軍たちと肩を並べて歴史の重大局面に立ち会う——アメリカの勝利への貢献度から言って、これは当然のことと見なされていた。彼はこのあと英雄としてアメリカに凱旋し、空軍幹部への道を歩むことになる。そして、その後も歴史の重大局面で存在感を発揮する。

戦後のナッター

戦争終結の知らせを聞いたとき、ラルフ・ナッターは航法を後進に指導するため、カリフォルニア州のミューロック基地に戻っていた。基地にニュースが流れ、ほかの者たちが戦勝を祝うパーティを始めたが、彼はそれに加わる気になれなかった。疲れ果てており、燃え尽きたような気分だった（Nutter, 284）。

ナッターはルメイとプレストンに、航空軍に残ったらどうかと言われたことがあり、どうしようか迷っていた。彼の個人的なヒーローは20世紀初頭の連邦最高裁判事、オリヴァー・ウェンデル・ホームズ・ジュニアだった。正義感の強い奴隷制反対論者で、南北戦争に従軍してからハーヴァード大学のロースクールを卒業、法律家となった人物である。ナッターはホームズの伝記を送ってくれと親に頼み、基地で読みふけった。そして終戦の知らせを受けて、心が決まった。ロースクールに戻ろう。ナッターの戦争は終わった。

後年、ナッターは法律家になり、人権派の弁護士として活動した。1987年には「アメリカ最高の弁護士」のなかに名を連ねた。息子につけた名はカーティス。もちろん、ルメイから取った名だ。あるとき、その話を聞いた人がびっくりして訊ねた。「どうして息子にあんな右翼のクソ野郎の名前をつけられるんだ？」リベラルなナッターと超タカ派のルメイでは、正反対に思えたからである。

ナッターは答えた。

「彼は僕たちを厳しく訓練し、しっかりと準備をさせたんだ。正直に思うんだけど、カーティス・ルメイがいなかったら、僕は戦争を生き残れなかったし、息子を授かることもなかったんだよ」（Coffey, 440）

ナッターとルメイは戦後もずっと連絡を取り合い続けた。

第8章

力による平和――冷戦戦士ルメイ

私は横浜の光景を忘れないだろう。私の印象に最も残ったのはこれだ——ボール盤。それが残っていたのだ。焦げた木や切り株の森のように、住宅街のそこらじゅうに生えていた。もろい建物はすべてなくなっていて……すべて燃え上がり、あるいは燃え尽き、そしてボール盤だけが骸骨のように立っていた。

戦争における戦略の目的は敵の戦争遂行能力を破壊することである。そして、これが敵の潜在能力だった。だから根絶しなければならなかったのだ（LeMay & Kantor, 384）。

焼け跡の横浜

ミズーリ号での降伏文書調印式のために横浜の南の空港に降り立ってから、ミズーリ号へと車で向かう途中、ルメイは横浜の町に目を凝らした。残っている街路は海岸沿いの道くらいで、横浜の中心部はすべて灰燼に帰しており、そのためルメイらは外縁の道を走っていった。石造りの建物の土台が残っているところもあるが、あとはすべて平坦な焼け野原。「戦争が始まったときに86万6200人の都市だったものが、人の住まない荒野となっていた」という（LeMay & Kantor, 389）。

そのとき最も印象的だったことを語っているのが、章の冒頭に挙げた部分である。焼け跡からボール盤（ドリルで穴をあける工作機械）がいくつも突き出ていたこと。「森のように」とか「そこらじゅう」というのは大げさではないかと思われるが、ともかくルメイはここがやはり日本の兵器製造を支える中小工場群の所在地だったと確信した。自分の爆撃作戦は、このようにして日本の戦争遂行能力を奪うことに役立ったのだ、と。

言うまでもなく、このルメイの印象は、実際に5月29日の横浜大空襲を経験した日本人の印象とはかけ離れている。YouTubeで「横浜大空襲」と検索すれば、空襲の体験談を語る数々の動画が出てくるが、それは一般市民が標的にされ、逃げまどい、犠牲にされていく証言ばかりである。空襲が午前9時から10時くらいだったので、学校が爆撃され、多くの先生や級友を失った……、家に戻ったらそこは焼け野原で、家族はみな死んでいた……。

それはともかく、ルメイは続いて一つの後日談を語っている。同じ調印式に出席した陸軍のジョゼフ・スティルウェル将軍がやはり横浜の光景を目撃し、あとでルメイと話をしにやって来たというのだ。スティルウェルは若い頃に横浜に留学したことがあり、町をよく知っていた。それだけにルメイの爆撃作戦がいかに有効であったかを目の当たりにし、「戦略爆

ミズーリ号での降伏文書調印式（© 昭和館蔵）

撃の効力がよくわかった」と称えたのだという（LeMay & Kantor, 390）。

スティルウェルはルメイが中国・ビルマ・インド戦線にいたとき、この地域の陸軍の司令官だった。ルメイは第20航空軍の司令官とはいえ、航空軍自体が陸軍の一部であったため、スティルウェルとはいい関係を保つ必要があった。そしてスティルウェルは、航空軍の存在価値をよく理解しているとは言えなかった。陸軍の作戦遂行への補佐的な役割にすぎないと考え、航空軍単独で戦争の行方を左右できるとは信じていなかったのである。それだけに、スティルウェルが爆撃後の横浜を見て考えを変え、それをわざわざルメイに伝えにきたというのは、ルメイにとって誇らしい出来事であった。

降伏文書調印式

こうしてルメイは横浜沖に停泊しているミズーリ号に乗りこみ、戦争の正式な終結に立ち会った。そのときルメイはどんな感慨を抱いたのか？　回想録では、「正確に思い出せたらよいのだが」と言いながら、一つだけ確かに考えたことがあったという。それは、「この勝利の瞬間をもたらすために死んだ若者たちのこと」（LeMay & Kantor, 390）だった。あれだけたくさんの若者を失うとは、どこで間違えたのだろう？　もっとうまくやれば、もう少しだけでも救えたのではないか？

調印式が終わったとき、ミズーリ号の上を462機のB29が編隊を組み、すさまじい音を立てて飛んでいた。まさにアメリカの空軍力を見せつけるショーだった。式のあと、ルメイはC54で低空を飛び、自分が標的とした地域を見てまわった。予想どおりどこもかしこも焼け野原だった。彼は自分のミッションの成果を目で確かめてから、グアム島に戻った。

では、こうしたときに――特に焼け跡になった横浜を見たときに――死んだ日本人のことをルメイは考えなかったのだろうか？　ボール盤を見て、ここには軍需工場があったのだと納得し、そこに住んでいた子供たちのことなど考えなかったのだろうか？

考えたのだとしても、ルメイがそれを告白している文章はどこにも残っていない。いや、彼の「殺される側のことを考えていたら戦争などできない」という言葉（LeMay & Kantor,

425)、あるいは「あらゆる戦争は不道徳だ。そして、そのことに思い煩うようでは、よい兵士になれない」(Hurley & Ehrhart, 201) といった言葉などから考えても、やられる側のことは想像力から閉め出して、作戦遂行に専念していたのは確かである。そして作戦が終了しても、やはり敵の犠牲者には想像力をめぐらせなかったのだろう。

敗者の想像力と勝者の論理

とはいえ、軍人といっても千差万別だ。そちらに想像力をめぐらせる者もいる。好例は、この時期に長崎の占領軍司令官となったヴィクター・デルノア中佐である。

デルノアはヨーロッパ戦線を戦ってきた陸軍の将校だった。ドイツではユダヤ人強制収容所でナチスドイツの残虐行為の証拠を目の当たりにした。自分たちが正義の側にあり、ナチスドイツという悪と戦っているということに、一点の疑問も抱いていなかった。ところが1946年9月、長崎を統治する占領軍の司令官となって、衝撃を受ける。原爆の犠牲者を弔う法要で嘆き悲しむ遺族たち、身元がわからなかったり引き取り手がなかったりする無数の遺骨などを目撃したのだ。自分たちの側も相手の民間人に対してこんな残虐行為を働いていたのか。彼は「二度と原爆を使ってはいけない」と訴えるようになる。

これはアメリカ軍の軍人として極めて異例のことだった。当時、占領軍は日本人の対米感情が悪化するのを恐れ、原爆関係の報道や出版を厳しく制限していた。そのなかでデルノアは、長崎で被爆した14歳の少女が書いた手記の出版を認めるよう、上層部に繰り返し訴えた。さらにデルノアは被爆者が収容されている救護所を足しげく訪れ、原爆被害の実態を知ろうとした。そして１９４８年、核兵器廃絶を訴える長崎平和祈念式典の開催を長崎市に許可した。長崎市民は彼に感謝し、道路の一つを「デルノア通り」と名づけて、彼の業績を称えている。

言うまでもなく、デルノアとルメイではまったく立場が違うので、単純な比較はできない。だが、それを差し引いても、こうは言えるのではないか。デルノアには、やられた側を思いやる想像力があった――その想像力を働かせた。これは加藤典洋の言う「敗者の想像力」だ。勝ち負けにかかわらず敗者の気持ちがわかるということ。そして自分たちも道義的には決して潔白ではなく、加害者でもある（そうなり得る）ということを意識して考えられるかどうか。それを加藤は「敗者の想像力」と呼んでいるのだ。この想像力がルメイにはなかった――その想像力を働かせようとはしなかった。彼にあったのは「勝者の論理」のみだった。

自分の爆撃で焼け跡になった都市を見てまわったあと、ルメイはアメリカが現在の空軍力を最初から備えていたらどうだったか考えている。１９４１年12月７日に空軍力でこれだけの優位に立っていたら、真珠湾攻撃は起きなかったであろう。そう思いめぐらした上で、ルメイはさらに続けている。

「その瞬間から先、私は力によって平和を保つことが可能だと信じるようになった。我々がよく訓練され、その大義に献身的な軍を作りあげられたのなら、誰も二度と再びアメリカを攻撃しようなどと考えないだろう」（LeMay & Yenne, 162）

ルメイがこのあと目指していくのがこれだ。兵力で圧倒的に優位に立ち、それで平和を保とうとすること。まさにこの勝者の論理が、その後のルメイを問題含みの存在へと変えていく……。

英雄としての凱旋

ミズーリ号での調印式後、〝ハップ〟・アーノルドが次にルメイに与えたミッションは、B29に乗ってノンストップで日本からアメリカまで飛ぶことだった。航空軍の英雄たちを凱旋させ、B29の能力を誇示して、空軍独立に向けたアピールをするのが狙いだった。選ばれたのはルメイのほか、バーニー・ジャイルズと〝ロージー〟・オドネル。ところが、日本の滑走路の多くが破壊されており、B29が離着陸できる滑走路は北海道にしかなかった。そこで3人はまずグアム島から北海道に飛び、9月18日、ワシントンに向けて出発した。向かい風で燃料を消耗したこともあり、途中、シカゴで燃料補給をしなければならなかったが、3

人は無事にワシントンに降り立った。アーノルドは直々に彼らを出迎えた。

ルメイは間違いなくアメリカじゅうでもてはやされる英雄となっていた。葉巻をくわえたルメイの仏頂面は、終戦直前の『タイム』誌1945年8月13日号の表紙となった。そのなかの記事はルメイを異例の出世を果たしてきた若き将軍として紹介し、その成功の秘訣として自分にできないことを人に命令しない（逆に言えば、何でも自分で率先してやる）という姿勢に見ている。彼によって有能な専門家たちが育ち、メンテナンスが効率化したことなどはその好例だ。その成果が如実に現われたのが東京大空襲なのである。このときの『タイム』誌に——そしておそらくアメリカ人の大半に——この無差別爆撃を悪として捉える視点はまったくない。

『タイム』誌 1945 年 8 月 13 日号

カーティス・ルメイという英雄を、そして有能さを証明した将軍を、戦後のアメリカでどのように使うのか。それについては上層部のなかでも意見の相違や混乱があり、命令が二転三転した。そのあいだに、辞任したオハイオ州の上院議員の残任期間1年を、ルメイで埋めたらどうかという話も出た。ルメ

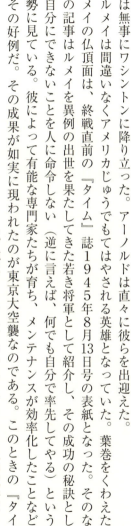

イも1年だけならと乗り気になったが、軍を辞めなければいけないとわかり、そちらは断念した。最終的に、この年の12月になってルメイが収まったポジションは、ランド研究所の副長官であった。

ランド研究所

ランド（RAND）とはResearch and Developmentの略で、新しい兵器や防衛システムの研究開発を担う機関。〝ハップ〟・アーノルドら、陸軍航空軍上層部の思惑で設立されることになったものである。航空軍は第二次世界大戦での活躍により、いよいよ空軍として独立できる見込みだった。それに伴い、空軍としてイニシアティブを執り、長距離ミサイルや宇宙の軍事使用といった面で自ら立案し、提案していくことで、存在感を示していきたい。核兵器に関しても、第二次世界大戦のときの航空軍の役割は単なる「運び屋」だったが、もっと積極的に核配備計画や核攻撃の戦略を作成していきたい。それが彼らの考えたことだった。

この背景には、ルメイも共有している危機感があった。第二次世界大戦勃発時、兵器開発の面でアメリカはドイツに大きく遅れを取っていた。ドイツは優秀な科学者を集め、最先端の技術を駆使して、最強の空軍を作りあげていたのである。１９４１年の参戦以来、アメリカは挙国一致体制でそれに対抗し、B29や原爆の開発によって、4年でドイツを圧倒する軍事力を保持することになった。しかし、ソ連がドイツの科学者を強制的に連れ帰り、軍事研究をさせているのに対し、アメリカが何もしないでいたら、ソ連に追いつかれ、追い越されてしまう。いまアメリカは平和に浮かれ、軍縮ムードだが、そのいまだからこそ、自分たちが主導して兵器開発を進めていかなくてはならない。

ランドの研究所自体はカリフォルニア州サンタモニカに作られ、そちらで研究が進められることになった。ルメイの役割は首都ワシントンの国防省から指示を出し、予算の獲得などの交渉事をすることだった。ソ連の脅威を強調し、新しい兵器の必要性を訴える。研究畑の出身ではないとはいえ、ルメイは技術の進歩に敏感で、最新兵器を積極的に開発していこうとした。優秀な人材を確保するために、奨学金を出して大学で学位を取らせ、その分一定の期間、ランドで働くようにさせるプログラムも立ち上げた。ルメイが「冷戦戦士」としての存在感を示し始めた。

この時期、ルメイは後にMADとして知られることになる考えをすでに表明している。1946年1月、陸軍省での委員会で、報復攻撃の重要性を強調したのだ。防衛は、相手を上回る打撃を加えること、加えられる能力を保持することで実現する。相手にやられたら、それ以上の打撃を相手に加えられるように準備していなければならない。相手の攻撃に見合った破壊を確実にするという意味で、この考えはMutual Assured Destruction（相互確証破壊）と呼ばれた。1949年にソ連が核兵器を保有して以降は、核軍拡競争を煽った考え方である。世界を破滅させる兵器を競い合って持とうとする点で、平和主義者からは狂気（mad）の沙汰として非難された。

冷戦を作り出したのは誰か？

なお、「ソ連の脅威」や「冷戦の激化」に関しては、アメリカではソ連の拡張主義が原因であり、アメリカはそれを抑止しなければならなかったと解釈されている。しかし、アメリカ自体が「ソ連の脅威」を誇張し、あるいはソ連を挑発し、冷戦を激化させた張本人だという解釈もある。好例は『オリバー・ストーンが語るもうひとつのアメリカ史』だ。

この本によれば、スターリンといい関係を保っていたローズヴェルトとは対照的に、トルーマンは最初からスターリンを敵視し、不要な挑発をした。また、軍需産業で利益を得た企業のトップがトルーマンを取り囲み、戦時経済が継続するように仕向けた。ローズヴェルトが生きていたら、あるいは第3期ローズヴェルト政権の副大統領だったヘンリー・ウォレス*が第4期も副大統領になり、ローズヴェルトのあとを継いでいたら、そうはならなかったろうというのがストーンの解釈だ。

核兵器に関しては、マンハッタン計画に関わった科学者たちのあいだから、ソ連にも情報を開示し、国際機関に管理を委ねるという案が提示された。しかし、オッペンハイマーが戦後、初めてトルーマンと会ったとき、原子力の国際管理を優先するように言うと、大統領は「ソ連に原爆を作れるわけがない」と一蹴し、アメリカの原爆独占を守ろうとした（Bird & Sherwin, 331)。このエピソードは、クリストファー・ノーラン監督の映画『オッペンハイマー』（2023年）にも使われている。トルーマンの見通しは、ソ連がヨーロッパの科学者を多数連れ帰ったことを考えれば、あまりに楽観的だった。その結果、ソ連も核兵器を開発し、冷戦は一歩間違えば人類滅亡というフェーズに入っていくのである。

ストーンの歴史解釈について言えば、これを全面的に正しいと主張するつもりはない。ストーンは「ローズヴェルトが生きていたら」――続いて「ケネディが生きていたら」――まったく違うアメリカになっていただろうと想像し、2人を美化しすぎるきらいはある。ただ、一つ確かに言えるのは、ソ連を敵視して軍備増強することが、軍需産業にとっては都合がよかったということだ。特に1950年の朝鮮戦争勃発以降、アメリカは常に戦争に備える体

＊　ヘンリー・ウォレスはリベラルな平和主義者で、人種差別にも反対する人物だったが、そのために民主党の保守派から嫌われ、副大統領の候補者から外されたと言われている。

制に入っていく。こうして肥大化していく軍需産業に、ルメイは大きく貢献したのである。ルメイがランドの副長官だったのは2年ほどだったが、常に戦争に備えるという心構えを組織に浸透させた2年でもあった。ルメイにとっては、後に戦略航空軍（ＳＡＣ＝Strategic Air Command）の長官として冷戦の最前線に立つ際の、素地ともなった。彼はこの考え方、心構えをさらに浸透させていくことになる。

ベルリン空輸

１９４７年９月、陸軍航空軍は空軍として独立した。アーノルドらの念願がついに実現したのである。初代参謀総長は〝トゥーイ〟・スパーツ。普段はあまり酒を飲まないルメイも、このときばかりは酔っぱらい、祝福した。翌月、ルメイは空軍のヨーロッパ司令官に任命され、ドイツに赴任した。翌年の１月には中将に昇進。空軍で最年少の中将だった。

ドイツでは、フランクフルトの西にあるヴィースバーデンで家族と暮らした。ルメイ家にあてがわれた家はアメリカ軍が接収したシャンパン業者の豪邸で、１００室以上あった。ヨーロッパの司令官として、ルメイは客を招くなど、苦手な社交的な付き合いもしなければならなかったが、そこはヘレンがそつなくこなした。ホテルの舞踏室なみの広さの子供部屋もあり、子供向けのあらゆる玩具が揃っていて、９歳になっていたジェイニーにはうってつけの遊び場となった。彼女はワシントンDC時代、ガールスカウトに入っていて、初歩の訓練は受けていた。そこでルメイ家がガールスカウトの本部となり、アメリカ人家庭の娘たちを集めて活動が始まった。彼女たちが行進し、ルメイ家を出たり入ったりする光景を、ルメイは後に「瞳を閉じればすべてが思い浮かぶ」と、懐かしそうに回想している（LeMay & Kantor, 528-29）。

まるで歴史がルメイについていくかのように、ドイツでもルメイは歴史の重大局面の現場に立つことになった。1948年6月、ソ連が西ベルリンを封鎖したのである。

当時、ドイツはアメリカ、ソ連、イギリス、フランスの連合国によって分割統治されていた。首都ベルリンは、ソ連統治下の地域にすっぽり収まっていたが、ここも4カ国によって分割統治されていた。つまり、アメリカとイギリスとフランスの統治する西ベルリンは、ソ連圏内に完全に囲まれていながら、その部分だけが自由主義経済圏だったのである。

第二次世界大戦におけるドイツの攻撃で2千万人近い国民を失ったソ連は、統一ドイツの復活を望んでいなかった。できるだけ弱体化された状態を保ち、自分たちの影響下に置いておきたいと考えていた。それに対してほかの3国はいずれドイツを統一させるつもりで、経済復興を後押しした。ドイツ国民が自由主義経済を望み、資本主義国家として統一されることを恐れたソ連は、西ベルリンに入る鉄道や道路を遮断、自由主義圏内からの物資が届かなくなるようにした。それによって西ベルリンも支配下に治め、東ドイツ全体を完全に影響下に置こうとしたのである。

ベルリン空輸で操縦桿を握るルメイ
(LeMay&Kantor)

このときアメリカ軍の上層部は、西ベルリンに兵を送るという選択肢も考えた。しかし、それではソ連との戦争に発展する可能性がある。それよりも、飛行機で物資を西ベルリンに送り、市民を救ったらどうか。ルメイがその役割を買って出た。懸念されたソ連側の攻撃はなく、その後14カ月で延べ27万８千機が出動し、２３０万トンもの燃料や食料を送った。ルメイ自身も操縦桿を握って飛ぶことがあった。これだけの頻度の飛行を支えるために、失業中のドイツ人を飛行機のメンテナンスや滑走路建設などに使い、雇用も創出した。

１９４９年５月、ソ連は諦め、封鎖を解除した。空輸自体はその後もしばらく続いたが、８月に終了した。しかし、このときすでにルメイはアメリカに呼び戻されていた。新たなポジションを与えられたのである。それが戦略航空軍（ＳＡＣ）の司令官だった。

戦略航空軍

SACは1946年3月、〝トゥーイ〟・スパーツによって設立された、空軍の3分の1の規模を誇る軍団だった。ネブラスカ州オマハという、全米のど真ん中に本部を持ち、そこから全米の（後には全世界の）基地に指令を出して攻撃を展開できる組織ということになっていた。攻撃とは、核兵器使用も含めての攻撃である。つまり、アメリカの防衛戦略の根幹を担う軍団のはずだったのだが、ルメイが司令官となる以前は、有効に機能しているとは言えなかった。それは前任者のジョージ・C・ケニー将軍が引退間近で、実際に戦争を戦う集団を作り上げようという意識に欠けていたためだった。

ルメイは着任して、SAC全体の緩さに驚いた。ひと言で言えば、飛行クラブのような雰囲気だったのだ。爆撃の模擬訓練の結果を見ると、とても高い得点を出している。しかしよく見ると、実戦で使えるような訓練ではなかった。レーダーが加圧されておらず、高高度に耐えられないという理由で、中高度からの爆撃だった。また、すべての者にすべての役割を学ばせようとしたため、特定の分野に強い専門家が育っていなかった。本部も、その近くのオファット基地も、設備が充分ではなかった。ようするに、誰も本当の戦争に備えようという意識がなかったのである。

着任して、ルメイはまずその点を正そうとした。常に戦える心構えを叩きこもうとしたのである。

「私はSACのすべての者たちにこの心構えを植えつけようと決意した――〝我々は戦争中である〟という心構えだ。そうすれば、実際に明日の朝、あるいはその日の晩、戦争をすることになっても、準備行動で無駄な時間を取り、もたつくことはない。我々はすぐに戦争をする準備が整っていなければならないのだ。（……）我々は戦闘即応状態にいなければならず、戦闘に長けていなければならない」（LeMay & Kantor, 436）

ルメイはこれまでの訓練の記録を見て、これではまったくダメだと判断、新しい訓練のプログラムを立ち上げた。まずは作業手順をしっかりと定め、チェックリストを作って、その順守を徹底させた。これによって訓練中の事故は激減した。また、特定の者に特定の分野を詳しく学ばせ、専門家を作るようにした。こうしたことに不満を持つ者は異動させ、信頼できる部下を集めていった。マリアナ諸島で彼の副官だったトム・パワーを副官としたのを初めとして、ジョン・B・モンゴメリー、オーギー・キスナーら、かつてからの盟友たちを集めた。

大改革

こうしたスタッフを得て、ルメイはまず実戦的な模擬演習をやってみようと考えた。目的は、自分たちがどれだけ実戦で役に立たないかを兵士たちに実感させることである。夜間にレーダーを使って、高高度からオハイオ州デイトンのライト基地を攻撃させる。やってみると、そもそも高高度を飛ぶことに慣れていなかったため、多くの爆撃機が機械の不調を起こし、飛び立つことすらできないものもあった。飛び立てても、すぐに基地に戻ることになったものも多く、標的のエリアに到達して模擬爆撃に成功したものは1機もなかった。ルメイは部下たちを叱咤し、この情けない状態を変えなければならないと言った。

兵士たちに厳しい再訓練のプログラムを課す一方、ルメイはメンテナンスのシステムを能率化し、飛行機が常に高高度を長距離飛べる状態を維持しようとした。兵士たちの士気を高めるため、優れた成績をあげた者は、その場で昇進させるシステムも作った。これは逆も真で、出来の悪い兵士がすぐに辞めさせられる場合もあった。

ルメイは兵士たちの生活環境の改善にも努めた。大部屋に寝台が並ぶという兵舎から、2人1部屋の宿舎へと変えていった。基地の料理人たちを地元の高級レストランに研修に出し、食欲をそそる料理が作れるようにした。兵士たちには、ルメイ自身と同じように、機械いじりや無線通信を好む者が多いので、各基地にこうした趣味を楽しめる工房を作った。ルメイ自身、ここでスポーツカーを2台製作した。

もちろん、こういうことには金がかかった。ルメイは予算の獲得にも奔走した。なかでも

『タイム』誌 1950 年 9 月 4 日号

熱心に訴えたのは、Ｂ29に代わる後継機の開発である。さらに大型で、ソ連の都市にも爆撃できるくらい航続距離の長い爆撃機。それに核兵器を搭載し、いつでも飛べる態勢を作らなければならない。ルメイはソ連の脅威を議会や公聴会で強調し、Ｂ36の導入を訴えた。こうした努力が実り、「平和を成し遂げるもの《ピースメイカー》」と呼ばれるＢ36が、その後数年、ＳＡＣの主力爆撃機となった。

ルメイが表紙に二度目の登場をした『タイム』誌の１９５０年９月４日号も、Ｂ36導入の苦労話に触れ、「この爆撃機なら敵の防御を突破し、自分たちのロスはほどほどで、標的を破壊することができる」という彼の言葉を載せている。ルメイはここでも英雄扱いだ。記事は第二次世界大戦での数々のミッションやベルリン空輸などを紹介し、いまはＳＡＣの長官としていかに厳しくこの軍団を鍛えあげ、能率的な戦闘集団にしたかを賛美している。彼のスタッフの一人はルメイについてこう語っている。「彼は非常に有能な長官であり、何よりも頑固な軍事的リアリストだ。彼がソ連側にいなくて本当によかった」

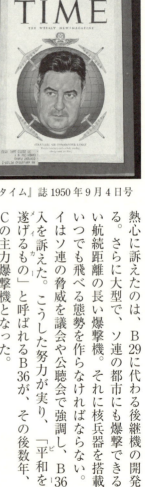

核の脅威

そのソ連は1年前の1949年9月23日、核実験を成功させていた。「ソ連の脅威」は「核の脅威」として感じられるようになってきたのである。アメリカはさらに強力な核兵器の開発を急いだ。1952年11月、世界初の水素爆弾の実験に成功。しかし、翌年の8月にはソ連も水素爆弾の実験に成功した。1954年3月、アメリカは広島型原子爆弾の約1千倍の威力を持つ水素爆弾をビキニ環礁で爆発させ、日本のマグロ漁船、第五福竜丸をはじめとして約1千隻以上の漁船が死の灰を浴びた。ビキニ環礁から約240キロ離れたロンゲラップ環礁にも死の灰が降り積もり、島民64人が被曝して避難した。

こうなると、核戦争による大惨事の可能性も目に見えるようになってきた。強力な核兵器を開発し続け、ソ連を核兵器で脅そうとすることは賢くないのではないか。対話によって平和の道を探るべきなのではないか。原爆開発を進言したアインシュタインを初め、科学者やリベラルな知識人たちから核廃絶を求める声が上がった。一方、ソ連による核の脅しには、より強大な核兵器によって対抗し、相手を屈服させるべきだという意見の者たちもいた。

言うまでもなく、ルメイは後者であり、その決意は微動だにしなかった。ルメイは1949年、SACとしての最初の戦闘計画を作りあげた。当時の核兵器のすべてである133発の爆弾を、ソ連の70の都市に投下するという計画だ。圧倒的な力によって相手を屈服させる。どれだけ相手を上回ればよいかに関しては、限度はなかった。彼はこの時期、当時の空軍参謀総長、ホイト・ヴァンデンバーグに手紙を書き、ソ連に先制攻撃できるように準備することを提案している（Albertson, 13-14）。彼から見ると、自ら軍縮を言い出したり、先制攻撃はしないと約束したりすることは、愚の骨頂だった。

朝鮮戦争

1950年6月、北朝鮮が韓国に侵攻し、朝鮮戦争が始まった。ダグラス・マッカーサー率いる国連軍は北朝鮮軍を押しとどめるために、SACに協力を求めた。カリフォルニア州とワシントン州のSACの部隊が送られ、北朝鮮から南への補給路を断つために、道路や鉄道を爆撃した。

このときルメイは焼夷弾による北朝鮮の主要都市への爆撃を提案し、核兵器による攻撃の準備もした。しかし、トルーマン大統領は核兵器の使用を認めなかった。核兵器をちらつかせて脅しはするが、実際には使わないというのが、アメリカ政府の方針になってきていた。これは逆に言うと、ナパーム弾使用のハードルが低くなったことを意味しているようだった。ナパーム弾による都市空爆はたびたび行われ、南北朝鮮の多くの都市が焦土と化した。アメリカによるナパーム弾の開発と空爆の歴史を追った『ナパーム空爆史』によれば、「1950年まで人口50万の都市だった平壌で無傷のまま残った建物は、わずか2棟だった」という(Neer, 136)。それでも、ルメイはなぜもっと徹底的にやらないのかという不満を抱き続けていた。

朝鮮戦争は、その後のアメリカの国防政策を決定づける戦争となった。外交評論家の孫崎享によれば、「朝鮮戦争でもって、米国の中に世界各地に軍事的に介入する論理が不動のものとして確立され、それを支える国家体制(巨大な国防予算、軍需産業、理論面で支えるシンクタンク等)ができた」のである(孫崎 35)。つまり、第二次世界大戦直後の厭戦ムード、軍縮ムードが払拭され、戦争に備えるのが当然の風潮になってきた。いわゆる軍産複合体の肥大化が進むのはこの時期からだ。ルメイも、「平和が我々の仕事」をSACのモットーとして掲げ、軍拡こそが平和への道であるというドクトリンを推し進めていく。

冷戦の激化と軍備増強

この頃、給油機からの空中給油の技術が実用化され、これによって永遠に飛び続けることも可能になった。1949年3月には、B29の改良型であるB50がノンストップで94時間をかけ、世界一周を成し遂げている。ルメイはその後も次々にノンストップ飛行を計画。戦略爆撃機のイメージアップに努めた（生井 301-303）。

Ｂ36に続く爆撃機の開発も進んだ。まずは「ストラトジェット（成層圏のジェット機）」と呼ばれたＢ47。ジェットエンジン搭載で高速度を出せ、優美なフォルムも革新的だった。しかし航続距離は短く、兵器搭載量も少なかったため、あまり使われずにＢ52にあとを譲った。「ストラトフォートレス（成層圏の要塞）」と呼ばれたＢ52は、Ｂ47よりもさらに高速度を出せ、真の大陸間爆撃機と言える航続力と兵装搭載力を備えていた。１９５５年６月に最初に配備されて以来、ＳＡＣの主力となる爆撃機である。Ｂ52は１９５７年１月、45時間19分で地球一周を達成した（生井 307）。

１９５１年10月、ルメイは大将に昇進した。アメリカで45歳までに大将になったのは、南北戦争時の北軍の司令官であり後に大統領になるユリシーズ・Ｓ・グラントと彼だけだった。彼がＳＡＣを通して行っている核兵器の増強、そして核による威嚇が、アメリカ政府の方針としても評価されていた証拠と言えるだろう。

１９５３年１月、民主党のトルーマン政権に代わり、共和党のアイゼンハワー政権が誕生した。３月にソ連のスターリンが死去し、穏健派のフルシチョフが台頭することで、ソ連国内には変化の兆しも見られた。しかし、アメリカ側には大きな変化はなかった。特にアイゼンハワー政権の国務長官、ジョン・フォスター・ダレスは、トルーマン政権時代から国務長官顧問を務めており、ずっとソ連を敵視する態度を貫いていた。

日本が共産主義勢力に対する防波堤と位置づけられるようになったのも、この時期である。1951年のサンフランシスコ講和条約時に締結され、翌年発効した日米安全保障条約によって、日本にアメリカ軍の基地が多数残るとともに、1950年に創設された警察予備隊が52年に保安隊、54年に自衛隊へと発展していった。日本を西側陣営に組み入れ、再軍備させることを積極的に推進したのが「ダレスの親父さん」だった。

朝鮮戦争は、従来の国境であった北緯38度線付近での膠着状態が続いていた。アイゼンハワーは核兵器による脅しをかけ、1953年7月、休戦協定に持ちこんだ。SACは空爆によって北朝鮮をかなり破壊したが、結局のところ引き分けに終わった形である。これもルメイには大いに不満だった。戦争をするのだったら徹底的に相手を痛めつけ、早めに終わらせたほうが結果的に双方の犠牲者は少なくなる。それがルメイの一貫した考え方だった。

映画『戦略空軍命令』

ルメイはその後、ソ連の脅威に焦点を絞り、核兵器を含む兵器開発と配備を進めていった。1953年のSACには核兵器を装備した爆撃航空団が17あり、329機のB47と185機のB36、さらに500機もの給油機と200機もの戦闘機を抱える、大戦闘集団となっていた(Kozak, 308)。基地はアメリカ国内に29、海外には10あり、それにはグリーンランドや北アフリカなど、はるか遠方の地も含まれていた。こうした基地から爆撃機が核兵器を搭載し、世界じゅうをパトロールに飛びまわった。ソ連の国境付近には偵察機が常時飛び、目を光らせた。あらゆる点で、SACが世界最強の軍団であることは間違いなかった。

1955年に公開された *Stragetic Air Command* という映画は、まさにこの時期のルメイを礼賛し、応援するためのものだった。タイトルは言うまでもなく、SACそのものなのだが、邦題が『戦略空軍命令』となっているのは、「軍団」の意味のCommandが知られていなかったための誤訳である。

映画に登場する司令官のホークス将軍は、ルメイからそのまま造形された人物だ。葉巻をくわえた姿もそっくりなら、隊員たちの心に隙がないかどうか抜き打ちのテストをしたり、訓練での事故には徹底的に原因を究明するなど、実際のエピソードもふんだんに盛りこまれている。いつでも戦闘態勢に入れることを求め、能力のないものはほかに異動させるといった厳しさの一方、部下たちへの配慮も見せ、住環境を改善したり、優秀な者をどんどん抜擢するといった点も語られる。このとき最新のB47が披露され、いかに優秀な爆撃機かが誇らしげに主張される。これに核兵器を搭載すれば、第二次世界大戦で日本を焦土化しただけの爆撃が一機でできる、とホークスは豪語する。

主人公（ジェームズ・ステュアート）は第二次世界大戦のときの優秀なパイロットで、いまは予備役に退いているプロ野球選手。戦友から空軍に戻るように言われ、何をいまさらと思うが、21カ月だけという約束で応じる。物語は、最初はしぶしぶ訓練を受けていた彼が、次第にホークス将軍に感化され、自分たちが戦争を抑止しているのだと自覚するようになる姿を追う。そして最後に彼は危険なミッションを引き受け、負傷しながらもやり遂げる……。

軍拡競争への懸念

このようにルメイを全面的に称賛する映画が製作される一方、軍拡競争への懸念もさらに高まっていった。アインシュタインがイギリスの哲学者バートランド・ラッセルとともに、核兵器廃絶・科学技術の平和利用を訴えた宣言文（ラッセル＝アインシュタイン宣言）を発表したのは、『戦略空軍命令』の公開と同じ１９５５年である。

１９５０年代半ば以降、ルメイはさまざまな委員会等でソ連の軍備の充実ぶりを指摘し、このままではアメリカは負けてしまうと、危機感を煽った。それによって予算を獲得し、アメリカが常にソ連よりも軍事的に優位に立つことを目指したのだ。１９５５年の段階で、ルメイは１３００機の爆撃機を管理下に置き、そのうちの85パーセントがＢ47と最新のＢ52だった。爆撃機だけでなく、ソ連の超音速戦闘機ミグに対抗できる戦闘機や、ソ連の大陸間弾道ミサイルに負けないミサイルの導入も積極的に進めた。

しかし言うまでもなく、米ソの軍拡競争は、相手が増強すればこちらも増強するといった、果てしない増強合戦だった。1950年、アメリカは350の核弾頭を持っていたのに対し、ソ連は5つだった。5年後、アメリカの3千の核弾頭に対し、ソ連は200になった。1959年には、ソ連の核弾頭の数は千を超えた。互いの国民を皆殺しにしてもまだ余るほどの核兵器を持とうとすること。これはoverkill（過剰核殺戮）と呼ばれ、平和主義者から見れば常軌を逸していた。危機を煽ってSACの予算を獲得しようとするルメイに対して、軍や政権内部からさえも批判が出るようになってきた。

空軍でルメイの少し後輩にあたるフレデリック・スミス将軍は、ルメイがSACで素晴らしい仕事をしたと認めながらも、1976年のインタビューで次のように語っている。

「思うに、カートは年を経るにつれて、そしてSACを指揮しているうちに、どんどん独裁的になっていったのです。そして、SACこそが切り札だという考えに固執していった。それ以外のことは純粋に二の次になってしまったのです」（Coffey, 339-40）

『博士の異常な愛情』

米ソの核兵器増強合戦が進むにつれ、核戦争による地球滅亡を描く小説や映画も次々に登場した。1951年の映画『ファイヴ』、ネヴィル・シュートの1957年の小説で、スタンリー・クレイマーが59年に映画化した『渚にて』、ヘレン・クラークソンの小説『風のない場所』（1959年）、ウォルター・M・ミラー・ジュニアの小説『黙示録3174年』（1959年）、モルデカイ・ロシュワルドの小説『レベル・セブン』（1959年）、ユージン・バーディックとハーヴィー・ウィーラーの1962年の小説『フェイルセーフ』と、それをシドニー・ルメットが64年に映画化した『未知への飛行』などである。

ジャック・リッパー将軍（『博士の異常な愛情』）

　なかでも有名なのが、スタンリー・キューブリックの映画、『博士の異常な愛情　または私は如何にして心配するのを止めて水爆を愛するようになったか』（1964年）だ。

　映画の冒頭、SACの司令官、ジャック・リッパー将軍が精神に異常をきたし、警戒飛行中だった核兵器搭載の34機のB52に対して、ソ連に核攻撃するよう命令する。それを知ったアメリカ政府首脳部（大統領、軍高官、兵器開発担当のストレンジラヴ博士など）は、ペンタゴンの戦略会議室に集結して対策を協議、何とかリッパー将軍の暗号を突き止め、B

「平和が我々の仕事」というSACの看板
（『博士の異常な愛情』）

52に帰投命令を出すことに成功する。しかし、1機だけソ連のミサイル攻撃を受けたためにその命令を受信できず、攻撃を実行してしまう。ソ連はその種の攻撃を受けた場合、報復として世界を破滅させる装置を作動させることになっていたため、世界が終末に至ったことが暗示されて映画は終わる。

　このジャック・リッパーはルメイをモデルにした人物とされ、確かに葉巻をくわえた姿は似ている。もう一人登場する将軍、タージドソンは、ソ連に報復される前にソ連の基地をすべて先制攻撃してしまおうと主張するのだが、その姿にもルメイが反映されていると言われている。「平和が我々の仕事」というＳＡＣのモットーが映し出されるシーンもあるが、この映画の文脈ではそのアイロニーが際立つ。また、ストレンジラヴ博士は、ランドをモデルとした組織で「皆殺し装置」を開発していた狂気の科学者という設定だ。ＳＡＣとランドという、ルメイが育てた組織が世界を滅亡に導く物語とも言えるのである。

ブロークンアロー

実際、ＳＡＣの行動がかえって危機を誘発しているのではないかと思われる事例はいくつもあった。ソ連の国境付近を飛ぶ偵察機はしばしばソ連領内にも侵入し、ソ連のミグ戦闘機に追跡された。１９５２年から65年にかけて、こうした偵察機のうち７機、人員としては79人が失われた。

ＳＡＣの爆撃機が誤って核兵器を落としてしまう、あるいは核兵器を積んだまま墜落してしまう例もあった。１９５７年、アラスカで原爆を搭載したＢ36が墜落、機体ごと海中に没したと思われていた原爆は後にカナダで発見された。同じ年には、ニューメキシコ州でＢ36に搭載されていた水素爆弾が落下したが、起爆せず、後に回収された。もっと有名かつ危険なケースでは、１９６６年に水素爆弾を搭載していたＢ52がスペインで墜落した例、１９６８年にグリーンランドでやはり水素爆弾を搭載していたＢ52が墜落して大破炎上した例があり、どちらも深刻な放射能汚染を引き起こした。こうした事故はブロークン・アローと呼ばれ、２０１３年に放送されたＮＨＫの『ＢＳ歴史館　暗号名ブロークン・アロー〜隠された核兵器事故〜』によれば、知られているだけで32件発生しているという。

Ｈ・ブルース・フランクリン

1934年にブルックリンで生まれたH・ブルース・フランクリンは、第二次世界大戦中に少年時代を過ごし、アメリカの正義を深く信じる愛国的な若者に成長した。そして1956年にSACの将校となり、給油機や偵察機で飛ぶようになって、こうしたミッションの実態に気づいた。彼に言わせれば、その目的は「挑発」以外の何物でもない（Franklin, *Back Where*, 109）。核兵器搭載の爆撃機がわざわざソ連の領空すれすれを飛び、ときには領空を侵犯する。もしソ連が攻撃してきたら、こちらは核攻撃を加えるという脅しである。

フランクリンは言う。

「これらのミッションは本当にただの演習なのか、挑発あるいは威嚇が別の形をとったものなのか？　もしソ連がアメリカの射程圏内でこのような演習のミッションを実行したら、我々はどのように反応しただろうか？　もちろん、ソ連はそのようなことは決してしなかった。できなかったのである。ソ連が核武装した巨大な爆撃機群を持っているというのは神話にすぎなかったのだ」（Franklin, *Crash Course*, 130）

フランクリンはSACの諜報部門に移り、機密文書を読むことで、ソ連にはアメリカを核攻撃する能力がまったくないということも知った。しかし諜報部門の主要な仕事の一つは、その事実を「アメリカの誰にも——とりわけ自分たちの乗組員たちに——知られないようにすること」だったという（Franklin, *Back Where*, 110）。つまり、SACはソ連を無駄に挑発して危機を煽り、ソ連の軍事能力を誇張して広めることで、肥大化していったのだ。
フランクリンはこうした危険な挑発行動に加担したことを深く悔い、大学で学び直すことにした。そしてスタンフォード大学で博士号を取り、同大学の英文学の准教授となった。特に研究の対象としたのは、アメリカのSF小説や映画などの大衆文化に現われる、アメリカ人の戦争や兵器に対する意識。それがいかにアメリカの好戦的な姿勢や軍備拡張につながったかを明らかにし、アメリカの戦争行動に批判の目を向けている。1960年代から70年代にかけて、彼はベトナム反戦運動にも積極的に関わり、そのためにスタンフォード大学を解雇され、東海岸に活動の場を移した。

スタンフォード大学時代、
活動家として戦うフランクリン
（©Stanford University）

1988年、フランクリンは『最終兵器の夢』（改訂増補版は2008年）という研究書を出版、これは彼の代表的著作となった。同書が特に注目したのは、アメリカが究極の兵器を手にすることで世界平和を成し遂げられるという物語が20世紀前半のSF小説でさかんに語られていたこと。若き日のトルーマン大統領も、こうしたSF小説の大ファンだったのだ。フランクリンはこのナイーブな信念が大衆にも広がり、原爆の開発と投下やその後の核兵器開発競争にもつながったことを明らかにしている。

同書のなかでフランクリンは自己の体験にも触れ、SACがいかにソ連に対する挑発行動をしていたか、ソ連の攻撃能力の実態をアメリカ国民に隠していたか、それによっていかに金が掻き集められたかをたどっている。そして、「B47とB52による挑発行為により、1964年までにアメリカの爆撃機26機がソ連領内で撃ち落とされている」という事実を指摘している（Franklin, *War Stars*, 185）。

アイゼンハワーの警告

1961年1月、アイゼンハワー大統領は退任演説で、次のように軍産複合体の危険性を指摘した。

「我々は、政府の委員会等において、それが意図されたものであろうとなかろうと、軍産複合体が不当な影響力を得ることに対して警戒しなければなりません。与えられるべきではない場所に与えられた権力が悲惨な結果を招く可能性が存在し、このあとも存在し続けるでしょう。この軍産複合体の影響力が、我々の自由や民主主義的プロセスを決して危険に晒すことのないようにせねばなりません」
「軍産複合体」とは、軍需産業を中心とした私企業と軍隊、および政府機関が形成する政治的・経済的・軍事的な勢力の連合体を指す。多くのアメリカ人は、アイゼンハワーの退任演説によって初めてこの言葉を知った。大統領自身がこのような警告を発すること自体、極めて異例だった。軍隊や軍需産業が持つようになってしまった強大な影響力を、軍人出身の大統領がこのように危険だと感じていたとは！

退任演説に臨むアイゼンハワー

『オリバー・ストーンが語るもうひとつのアメリカ史』の映像版では、この退任演説について「アイゼンハワーは自らが作り出してしまった怪物を理解し、罪の赦しを請うているかのように見えた」と表現している。そして、彼は「自分が就任したときよりも、世界をずっと危険な場所にして残していくことになった」と、アイゼンハワーの章を締めくくっている。

軍産複合体という怪物の誕生と肥大化、そして世界をずっと危険な場所にしたこと。ここにルメイが深く関わったことは間違いない。もちろん、ルメイは軍需産業とのつながりがあって軍拡を求めていたわけではまったくない。純粋にそれがアメリカを平和にする道だと信じていた。そして、このあとも彼は同じ道を突き進む。

アイゼンハワーが退任演説をしたとき、ルメイは統合参謀本部の空軍副参謀総長として、ワシントンDCに戻っていた。彼がこの退任演説をどう聞いたのかに関しては、何も記録が残っていない。アイゼンハワーのあとには民主党のジョン・F・ケネディが大統領に就任し、この5カ月後にルメイは空軍の参謀総長となった。空軍のトップとして、彼はケネディ政権と何かと対立することになる。

第9章

ロシアの熊の脚を引きちぎれ

——統合参謀本部時代

実のところ私は、必要とされる以上に軍事力を使うことよりも、必要とされるだけの軍事力を使わないことのほうが、非道徳的であると考える。必要とされるだけの軍事力を使わないと、戦争を長引かせる結果になるだけで、長い目で見ればたくさんの人間を殺すことになるのだ（LeMay & Kantor, 382）。

統合参謀本部

1957年1月、ルメイが以前より求めていた新しいSACの本部が完成した。核兵器の攻撃にも耐えうる、地下のコントロールセンターだ。ルメイは指揮官に着任直後から本部の建て直しを求めていたが、ようやく予算がついたのである。そのお祝いをしているとき、ルメイは自分のSACでの日々が終わりに近づいていることを意識していた。1957年3月、彼はアフリカにハンティング旅行に出かけ、戻って4月4日、統合参謀本部の空軍副参謀総長に異動という人事が発表された。ランド時代以来のワシントンDC暮らしがまた始まることになった。

統合参謀本部（The Joint Chiefs of Staff）とは、陸海空軍と海兵隊の指揮の統一をはかるための最高幕僚機関である。それぞれの組織の参謀総長（または作戦部長）と議長とで構成され、大統領・国防長官・国家安全保障会議に軍事諮問を行う。ようするに軍のトップたちが集まる機関であり、１９５７年4月時点の空軍参謀総長はネイサン・F・トワイニングだった。彼はじきにトマス・D・ホワイトと交代することになっており、ホワイトがルメイを自分の副官として指名した。空軍のなかでも最も強力なＳＡＣの指揮官であるルメイこそ、空軍全体を統括するに相応しい人材だと彼は考えたのである。ホワイトは統合参謀本部の仕事が忙しいために、空軍を統括する仕事をかなりの部分、ルメイに任せることになった。

とはいえ、ホワイトとルメイの人柄は水と油ほどにも違った。ルメイは戦場を戦い抜いてきた男。飛ぶことが大好きで、大将になってからも飛行していたし、機械いじりやハンティングを趣味とした。それに対し、ホワイトはルメイの4歳年上で、陸軍士官学校出身のエリート。戦場で飛んだ経験はなく、それよりも社交性を生かし、世界じゅうの大使館付き武官として外交経験を積んできた。社交的ではないルメイは、ホワイトと仕事以外で付き合うようなことはまったくなかった。ホワイトはルメイについて、「彼には社交上のたしなみがほとんどなかった」と告白しているほどである（Coffey, 345-46）。

人柄だけでなく、2人は問題への対処の仕方がまったく違った。ルメイは「これが正しい」と信じたら、妥協せずに突き進むタイプ。それに対し、ホワイトは落としどころを準備して交渉に臨むタイプだった。ルメイはホワイトのそういう態度が気に入らなかったが、表立って対立したことはなかった。ルメイはあくまでホワイトの決断を尊重した。

ルメイはワシントンという政治の世界で、SAC時代にはあまり経験しなかった困難にぶつかった。空軍の代表として、政治家たちと直接渉り合わなければならなかったのである。それは、ときには妥協も要する仕事だった。

副参謀総長時代の彼が取り組んだことに、軍人の給料のアップがあった。特に空軍は、高度な技術が求められるのに、民間航空会社の給料と比べてずっと低かった。大将であるルメイでさえ、当時の月給は1221ドルで、アメリカ全体では高給取りの部類に入ったとしても、同じような責任を抱えた民間企業の役員たちのものとは比べ物にならなかった。これでは優秀な人材がどんどん民間に流れてしまう。その危機感から、ルメイは交渉を開始した。そして後に大統領となる有力な上院議員（テキサス州）、リンドン・B・ジョンソンの地元の牧場を訪れ、直接訴えたが、軽くいなされた。

ルメイはそこで諦めなかった。ラジオやテレビの司会者として活躍していたアーサー・ゴッドフリーとすでに親しくなっていたので、彼に頼み、メディアを通したキャンペーンを展開してもらった。ゴッドフリーは何百万人ものリスナーたちに、アメリカ軍の哀れな状況を明らかにし、声を上げるように訴えた。視聴者から改善を求める投書がワシントンに届くようになり、政府も対応を考えざるを得なくなった。

折しも1957年10月4日、ソ連が人工衛星スプートニクの打ち上げに成功し、アメリカに衝撃が走った。宇宙の軍事利用という点で、ソ連にリードを許したのは明らかだった。軍の幹部は公聴会に呼ばれ、どうしてこのような事態に陥ったのかと説明を求められた。ルメイはそのような機会に、予算が充分に与えられていないという事情を訴えた。こうした努力が実り、空軍全体の給与改善と予算の増額が認められた。

この時期、ルメイはSACによるミサイル開発を後押しした。1957年には中距離弾頭のソア、1959年には真の大陸間弾道ミサイルであるアトラスが配備された。アトラスはアメリカの宇宙開発でもキーとなる役割を果たした。1962年にはタイタンとミニットマンが配備された。

ケネディ政権

1961年1月、民主党のジョン・F・ケネディが大統領となった。ケネディ政権の国防長官、つまりルメイのボスの座には、因縁の人物が座った。太平洋戦争でルメイに同行し、

ケネディ政権時代のルメイとマクナマラ（©Pentagon Archive）

爆撃の効率性や効果を分析していた、ロバート・S・マクナマラである。マクナマラは戦後、そのコンピュータ並みのシャープな頭脳を買われ、フォード自動車の社長を務めていた。そしてケネディに請われ、国防長官に転身した。

ケネディは選挙戦で、「共和党の甘い見通しがミサイルギャップを招いた」と共和党政権を批判して当選した。「ミサイルギャップ」とは、ソ連のミサイル製造と配備に対し、アメリカが大きく水をあけられてしまったことを指す。そのような情報が当時出回っていたのだが、これは軍備増強を望む人々が、危機を煽るために流していたものであった。ケネディはそれを真に受け、ソ連に追いつかなければならないと主張したのだ。このときのケネディはタカ派であり、冷戦戦士だったと言える。

ケネディは政権に就き、さっそくマクナマラにミサイルギャップについて調査するように命じた。マクナマラが3週間かけて調査すると、アメリカはソ連に劣っているどころか、圧倒的な優位に立っていることがわかった。大陸間弾道ミサイルの数はアメリカの45基に対し、ソ連は4基だった。アメリカは3400の核弾頭を持ち、中距離弾道ミサイルも120基ほどトルコ、イギリス、イタリアなど、ソ連を射程内におさめる場所に配備していた。総計でアメリカは2万5千近い核兵器を保有しているのに対し、ソ連はその10分の1ほどだった（Stone & Kuznick, 302）。

これだけ優位に立っているにもかかわらず、空軍はミサイルを3千基まで増やすように要求していた。SACは1万基必要だと言っていた。マクナマラは調査し、アメリカは400基あれば充分という結論に達したが、1000基というところで妥協した。ルメイに代わってSACの指揮官となっていたトマス・パワーは、この決定に憤った。ルメイにとっても愉快なものではなかった。特にルメイは、マクナマラが連れてきた国防の専門家と称する知識人たちに苛立った。実戦経験などほとんどないにもかかわらず、理論やデータであれこれ指図する者たちだ。

マクナマラは理論やデータを駆使し、効率の高さを求めた。軍部の要求に対し、同じことはもっと低い予算でできる、という態度で臨んだ。ルメイがB52に代わる爆撃機、B70の導入を望んでも、マクナマラはコストパフォーマンスの点でミサイルの強化を選び、ルメイの希望をはねつけた。B70はマッハ3を出せ、7万2千フィートの高度を飛べ、航続距離は4

200マイルという、ルメイにとって念願の爆撃機だった。その後もルメイはこれを勝ち取ろうとし続けるが、マクナマラはルメイの希望どおりに承認することはなかった。

このほかにも、ルメイとマクナマラはことごとく対立した。ルメイは引退のとき、「我々のボスは我々のアドバイスを聞かずに決断する人だ。多くのケースで、ボスは我々のアドバイスを受ける前から心を決めていたのだと思う」とインタビューで語っている（Coffey, 372）。ルメイの伝記には、彼とマクナマラとのあいだには「アメリカ人であることを除けば、ほとんど何も共通点がなかった」とある（Tillman, 153）。片や中西部の労働者階級からの叩き上げ、片や東部の上流階級出身のエリート。ルメイがぶっきらぼうなほど本音を言い、先制攻撃も辞さずという姿勢を見せるのに対し、マクナマラはそういう姿勢を嫌い、「柔軟な対応」を取ろうとした。マクナマラをはじめとして、ケネディ政権は各分野で超優秀なエリートを集めており、アーサー王伝説の宮廷に喩えて「キャメロット」と呼ばれていた。戦場を命がけで切り抜けてきたルメイは、いわば宮廷に迷いこんだ野人だった。

ピッグズ湾事件

誕生して間もないケネディ政権にとって、頭痛の種はキューバだった。キューバは19世紀末からアメリカの企業が独占的に利益を得てきた国で、民衆は搾取されてきた。その体制を支えてきた親米派の軍事政権を、1959年1月にフィデル・カストロが倒し、新政権を樹立した。これは社会主義革命というわけではなく、民主化を実現するためのもので、カストロはアメリカとの良好な関係を続けようとした。しかし、彼が親米的な地主からの農地を強制的に接収し、農地改革を進めると、アイゼンハワー政権はキューバに対する経済制裁を始めた。カストロは急速にソ連に接近し、社会主義化に舵を切った（山崎 46-55）。

アイゼンハワー政権はカストロ政権の転覆計画を秘密裏に進めた。カストロに不満で亡命してきたキューバ人を使い、カストロ政権に対して武装蜂起させようというものだった。CIAが亡命キューバ人を組織・訓練し、武器を提供した。このときのCIA長官、アレン・ダレスは、アイゼンハワー政権の国務長官、ジョン・F・ダレスの弟だった。兄と同じく頑なな反共主義者で、イランやグアテマラなど、世界各地で左派政権を倒す工作をしてきた人物である。

アレン・ダレスは、キューバ侵攻に関して二枚舌を使っていた。侵攻に参加する亡命キューバ人たちに対しては、アメリカ軍が必ず援護すると約束した。アメリカ政府に対しては、アメリカ軍の援軍がなくても、キューバ国内の民衆が反乱に加わるので、反革命は成功すると請け合っていた。ケネディは大統領就任直後にこの計画を聞かされ、アイゼンハワー政権時代に承認されていただけに、覆すことができなかった。アメリカ軍の援軍は出さないという条件でゴーサインを出した。

この計画を聞かされて、ルメイはその無謀さに愕然とした。成功するかどうかはすべて、キューバ国民が蜂起するという楽観的な見込みにかかっていたのである。ミスが常に起こり得ることを前提に、作戦計画を立ててきたルメイにとって、これはあり得ない作戦だった。空からの援軍がなければ成功しないという意見を伝えても、国防省は関心を示さなかった。

1961年4月17日、反カストロ軍はキューバ南部のピッグズ湾に上陸し、武装蜂起を試みた。しかしカストロの軍に反撃され、キューバ国民は蜂起せず、大失敗に終わった。20日までに反カストロ軍はすべて殺されるか捕虜にされるかした。ダレスは援軍を出すようケネディに迫ったが、ケネディは首を縦に振らなかった。国対国の表立った戦争になることを嫌ったのである。表向き、ケネディはこの失敗の責任を取り、記者会見で謝罪した。しかし怒りをCIAにぶつけ、ダレスを解任した。

これが、ケネディの暗殺に組織ぐるみの陰謀が関わっていたかどうか議論されるとき、必ず言及される「ピッグズ湾事件」である。反カストロ軍を見殺しにし、CIA長官を解任したことで、ケネディは亡命キューバ人やCIA関係者に恨まれていたというのである。ケネディ暗殺を調査したウォレン委員会は、リー・ハーヴェイ・オズワルドの単独犯行という結論を下すのだが、この委員会にアレン・ダレスが加わっていたことも、疑惑を深める要因だった。いずれにせよ、キューバ問題はケネディ政権に重い足枷となった。

ルメイ自身はピッグズ湾事件の結果に大いに不満だった。戦争を始めると決断したのなら、徹底的に攻撃し、勝たなければならないというのが彼の一貫した考え方だ。朝鮮戦争のときのように、攻撃を中途半端な状態で収めてしまうなど、二度とあってはならないと思っていた。ところが、今回も侵攻しておきながら、援軍は出さずに収めてしまった。しかも、世間一般には「軍の上層部のアドバイスが適切でなかったために失敗した」と取られている。このこともルメイには我慢ならなかった。

参謀総長

副参謀総長として4年を過ごし、ルメイは1961年6月8日、参謀総長に昇格した。これは必ずしも既定路線ではなかった。参謀総長の任命は大統領が行うものであり、すでにルメイはマクナマラと対立していただけに、ケネディ政権は別の者を選ぶであろうという観測もあった。しかしルメイが選ばれ、多くの人々が驚いた。

これに対して、マクナマラは後に「第一に、彼が素晴らしい司令官だったから、第二に、大統領と私は彼と折り合いがつけられると思ったから」と述べている（Kozak, 335）。ある伝記作家は、実際にソ連との核戦争になったときのことを考えると、ルメイのような経験と冷静な判断力を持つ司令官が必要だったからではないかと憶測している。ルメイの空軍内での人気・人望を考えると、ルメイを拒むわけにはいかなかったのではないかと憶測する者もいる（Coffey, 358）。

この時期、ルメイ家にはもう一つお祝い事があった。6月15日、アンドルー空軍基地のチャペルで、ジェイニーが軍医のジェイムズ・ロッジと結婚したのである。この結婚にはヘレンがかなり関わり、娘とロッジの出会いを後押ししたらしい。娘とともにチャペルを歩くルメイの脳裏には、寒いポーチにとどまると言い張った4歳の娘の姿、あるいはガールスカウトの行進をする9歳の娘の姿が浮かんでいたことだろう。

ルメイは参謀総長となってからもマクナマラと対立し続けた。ルメイ念願のB70の導入は、その後もマクナマラによって阻止された。１９５０年代後半から進めてきた、空中発射弾道ミサイル、スカイボルトの開発は、マクナマラが反対し、ケネディも国防長官の意見を受け入れた。ＳＡＣの新兵器導入に関して、マクナマラが同意したのは、超音速・高高度戦略偵察機、ＳＲ71（愛称ブラックバード）くらいだった。マクナマラは先制攻撃や都市への攻撃を否定しており、この基本姿勢がルメイの考えと大きく異なっていた。

ピッグズ湾事件で米ソの関係が最悪の状態だった１９６１年6月3日から4日、ケネディとフルシチョフはウィーンで会談した。ケネディはソ連の拡張主義を非難したが、フルシチヨフはアメリカが世界各地の左派政権をソ連の勢力拡大と解釈し、つぶそうとしてきたことに非難の矢を向けた。さらにフルシチョフはドイツの再軍備とNATO軍の存在に強く反発、二つのドイツを認める条約を年末までに結ぶように要求した。懸案だった軍縮や核実験禁止などでも合意できなかった。フルシチョフが何より恐れていたのは、ドイツ国内に核兵器が配備されることだったという。この2カ月後、ソ連がベルリンの壁を建設し、東ドイツ市民が西ベルリンに入ること、そこを経由して西側に脱出することができなくなった。

キューバ危機

1962年10月14日、アメリカのU2偵察機がキューバに中距離弾道ミサイルが配備されていることを発見した。ソ連がミサイルを運びこみ、基地を建設していたのである。これがいわゆる「キューバ危機」の始まりだ。キューバからなら、アメリカ本土がミサイルの射程内に入る。ソ連にすれば、トルコや西ヨーロッパのソ連国境付近に配備されたミサイルに対抗する狙いがあった。また、アメリカのキューバ侵攻を未然に防ぐ効果も期待されていた。しかし、アメリカ側からすれば、絶対に容認できないことだった。

ヨーロッパに視察旅行中だったルメイは緊急に呼び出され、10月18日、ケネディと統合参謀本部の会議に臨んだ。ルメイも含め参謀総長たちは、いずれも軍事行動に出るべきだという意見だった。ルメイはミサイル基地を空爆した上で、アメリカ軍が侵攻することを主張した。アメリカはこのときソ連の9倍の核兵器を保有していた。その圧倒的有利にものを言わせ、ソ連を引き下がらせることができると考えたのである。いまのうちにソ連を叩き、アメリカに逆らえない国に変える。それが彼の考えだった。

「ロシアの熊の脚を睾丸まで引きちぎってしまおう」

このときルメイはこう発言したとされる（Rhodes, 574）。

しかし、ケネディは慎重だった。キューバを攻撃すれば、ソ連との核戦争になりかねない。最終的に勝ったとしても、ソ連の核ミサイルが一発でもアメリカに届いてしまえば、大変な死者が出る。さらにソ連はベルリンに対して軍事行動に出るかもしれない。ケネディが決断した対抗策はキューバの海上封鎖だった。そして軍事行動を意味してしまう「封鎖（blockade）」ではなく、「検疫（quarantine）」という言葉を使った。それを知ったルメイは怒り狂い、10月19日の会議で声を荒らげたという。

10月22日、ケネディは国民に向けて演説し、キューバにできたソ連のミサイル基地に対処するアメリカの方針を伝えた。ソ連の目的は西側に核攻撃をしかけることであるとし、それに対してアメリカはキューバに近づく船を「検疫」して、これ以上兵器が持ちこまれないようにすると宣言した。さらにキューバへの空中監視をすると言い、アメリカは核戦争を望まないが、脅しに尻込みする気もないと強調した。

10月24日午前10時に海上封鎖が開始され、アメリカは航空機、艦船、潜水艦などで海上封鎖線近辺の警備を強化した。フルシチョフは全面核戦争になることを恐れ、ソ連の貨物船に対して回避行動に出るように指示を出した。ソ連の船は海上封鎖線突破を試みず、「検疫」も受け入れないために、封鎖線の手前で引き返した。

全面核戦争へあと一歩

ＳＡＣは核武装したＢ52を飛ばし、キューバの基地をいつでも叩けるように準備した。防衛準備態勢（デフコン）は2まで引き上げられ、核弾頭搭載の弾道ミサイルがいつでも発射できるように準備された。ＳＡＣの核搭載の爆撃機はソ連国内に標的を定め、３千発近い核兵器での攻撃態勢に入った。これは数億人を殺せる規模だった。

10月27日にアメリカの偵察機が１機撃墜され、緊張が高まった。参謀総長らはキューバ侵攻をケネディに迫り、その準備を進めた。同じ日、アメリカの戦艦が投下した爆雷がソ連の核搭載潜水艦の近くで爆発し、戦争が始まったと思った潜水艦の艦長が核魚雷を発射しようとした。一人の将校が艦長を説得してこれをやめさせたが、一歩間違えば全面核戦争になるところだった。

その間、フルシチョフは解決を模索していた。ケネディに何度か書簡を送り、ソ連は核戦争を望まないと伝えた。そしてアメリカがキューバに侵攻しないと確約し、トルコに配備しているミサイル、ジュピターを撤去するなら、キューバのソ連製ミサイルを撤去すると約束した。ケネディは弟のロバートを27日にロシア大使のもとに送り、旧式のジュピターはいずれ廃棄するつもりであったので、ソ連がこの密約を外に漏らさなければ、アメリカはジュピターを撤去すると提案した。翌朝、ソ連はキューバのミサイル撤去を発表した。

このように平和的な解決をしたケネディ政権に対し、参謀総長たちは激怒した。マクナマラによれば、ルメイは「これは敗北だ。今日侵攻し、やつらを叩きましょう！」と言ったという(Lukas)。しかし、アメリカが先制攻撃すれば敵はおとなしく引き下がるというルメイの読みは、間違いであったことが後に判明する。キューバはアメリカが思っていたよりもはるかに強力な核武装をしており、アメリカに侵攻された場合、核攻撃を加えるつもりでいたのである。

このことがはっきりしたのは1992年、キューバ危機の当事者たちを集めて、それを振り返る会議が開かれたときだった。キューバ危機当時のソ連の将軍が、ソ連は侵攻してくるアメリカ軍に対し、キューバに配備していた核弾頭ミサイルを使用するつもりだったと証言したのだ。会に出席していたキューバのカストロも、ソ連に核兵器使用を求めていたと証言

ケネディにキューバ侵攻を迫るルメイと統合参謀本部
(© Cecil Stoughton. White House Photographs. John F. Kennedy Presidential Library and Museum, Boston)

した(Blight & Lang, 6)。やはりこの会議に出席していたマクナマラの顔は蒼白になった。

カストロにしてみれば、民衆に富が還元される国を作りたかったのに、アメリカからピッグズ湾事件のような攻撃を受け、その後も再三破壊工作をされた。山崎雅弘の『戦史ノート　キューバ危機』によれば、1962年1月から8月までにキューバ国内で実行された破壊工作の件数は6千に達したという(山崎 105)。しかもアメリカの経済制裁にあい、思うように国が豊かにならない。この上、自分の国が滅びなければならないのなら、少しでも憎きアメリカにダメージを与えたいと思っていたのだ。アメリカがキューバに侵攻していたら、どれだけの死者が出ていたかは計り知れない。核攻撃の応酬となり、人類が滅びていたかもしれない。

平和共存への道

この危機を目の当たりにし、歩み寄ったフルシチョフとケネディは、平和共存に向けた道を模索し始めた。1962年夏に始まっていた部分的核実験禁止条約の交渉が進み、翌年の夏にイギリスも含む3カ国で締結された。さらにケネディは米ソの首脳部を直接電話で結ぶ「ホットライン」の開設を提案、1963年6月に覚書が調印され、ホワイトハウスとクレムリンが直通のテレタイプで結ばれた。緊急時に首脳同士が直接対話し、戦争の危険を回避することが目的だった。

1963年5月、ルメイの参謀総長の任期が終わったが、ケネディはもう1年だけその任期を延長し、周囲を驚かせた。ルメイ自身も驚いた。マクナマラと激しく対立していただけに、ここで引退だと覚悟していたのである。どうして延長したのかについて、伝記作家たちはだいたいにおいて次の2点を挙げている。一つはルメイが司令官として有能で、実際に戦争になったときに必要であるから。もう一つは、彼が多くの連邦議会議員に支持されていたことである。

ケネディが核軍縮と平和の方向に向かおうとしていたことは、1963年6月の「平和の戦略」という演説に表われている。このなかでケネディは、ソ連を一方的に責めるのではなく、自分たちのソ連に対する態度も見直さなければならないと国民を諭す。ソ連は第二次世界大戦で最も苦しんだのであり、戦争を避けたいと願っている国だ。ソ連を敵視して核兵器を増強することは、使ってはならないものに無駄に金を注ぎこむことである。それよりも互いに歩み寄り、兵器を減らしていく「平和の戦略」を取るべきではないか。

さらに『オリバー・ストーンが語るもうひとつのアメリカ史』はいくつかの証拠を挙げ、ケネディがよりラディカルな「平和の戦略」を考えていたと主張する。ヨーロッパ駐留のアメリカ軍の数を減らすこと、宇宙の開発についてソ連と協力し合うこと、カストロのキューバとの関係改善を試みることなどだ（Stone & Kuznick, 320）。

ベトナム戦争

ケネディは政権が抱えていたもう一つの火種である、ベトナムについても、再考を始めていたとされる。

ベトナムは当時、ホー・チ・ミンを指導者とする北ベトナムと、ゴ・ディン・ジェム政権の南ベトナムとのあいだで戦争が続いていた。共産主義国と自由主義国との争いに見えるが、ベトナムの歴史やホー・チ・ミンの独立運動、アメリカが第二次世界大戦中はホーを支援していたことなどを考慮すると、そんなに単純なものではない。ホー・チ・ミン政権を承認し、支援しておけば、ベトナム戦争の惨事を引き起こさずに済んだ機会がアメリカには少なくとも二度あった。

一度目はホー・チ・ミンが独立宣言をした1945年。このときアメリカはフランスの植民地回復を支持し、フランスの傀儡《かいらい》であるバオ・ダイの南ベトナムを支援する決定を下した。ホーはベトナム駐留のフランス軍に対して攻撃を続け、ついに1954年、ディエンビエンフーの戦いで勝利し、フランスを撤退させた。ジュネーブ協定が結ばれ、北緯17度線を暫定的な休戦境界線とするが、2年後に国民投票を行い、国を統一することが決められた。しかしアメリカは南ベトナムに固執、カトリック教徒のゴ・ディン・ジェムを担ぎ出して大統領とし、2年後の統一選挙を拒絶させた。これが二度目の機会である。しかしアメリカは、ベトナムが共産化すれば東南アジア全体に波及しかねないというドミノ理論を振りかざし、南ベトナムを生かし続けようとしたのである。

アイゼンハワーからケネディの時代、アメリカは軍を直接ベトナムに派遣するのではなく、軍事顧問団と呼ばれるアドバイザーを送りこむ形で介入していた。彼らが南ベトナム軍を訓練し、北ベトナム軍や民族解放戦線（通称ベトコン）というゲリラと戦わせていたのである。1962年初頭の段階で1万6千人のアドバイザーがいたという。カトリック教徒のゴ・ディン・ジェムはベトナムで多数派の仏教徒を弾圧したこともあり、国民の広い支持を得ていなかった。北ベトナムとベトコンの激しい攻撃によって劣勢に立たされており、アメリカの支援がなければ長くもたないことは、火を見るよりも明らかだった。

ルメイは1962年4月にベトナムを視察のために訪問し、ゴ・ディン・ジェムとも会った。翌年、もう一度訪問しているが、どちらの視察においても、抱いた印象は一緒だった。アドバイザーを送る形での介入はうまくいっていない。北ベトナムが問題の根源なのだから、アメリカが北ベトナムを空爆し、屈服させるべきである。章の冒頭に掲げた文章のような考えが、ルメイの信念だ。必要なだけの武力を使わずに戦争を長引かせ、人命の犠牲を多く出すのは、かえって非道徳的だというもの。しかし、穏やかな解決法を望むケネディとマクナマラがルメイの案を採用するはずもなかった。統合参謀本部はベトナムに関してほとんど口をはさめず、ここでもルメイは欲求不満を感じた。

ケネディ暗殺

『オリバー・ストーンが語るもうひとつのアメリカ史』によれば、何人かがケネディはベトナムから手を引くつもりだったと証言しているという。ケネディは1963年4月に「ベトナムに我々がとどまり続けることはない、あそこで勝てる見込みはない」と発言した。マクナマラは段階的にベトナムから撤退するプランを立て、それをケネディも承認した。1965年末までに撤退を完了するというプランだった。ロバート・ケネディも、兄がベトナムから撤退するつもりであったと強い口調で主張した（Stone & Kuznick, 314-16）。

オリバー・ストーンはそれらを根拠に、ケネディが生きていたら、アメリカ軍によるベトナム戦争への本格介入はあり得なかっただろうと示唆している。ケネディを暗殺したのも、彼のこうした平和路線に反対する勢力のどれかなのではないか。ストーンの代表作『JFK』はその視点から暗殺の謎に切りこもうとしたものだ。その勢力とは反カストロのキューバ人亡命者たちであり、CIAであり、軍産複合体であり……。ルメイもこの反対勢力の一部であることは間違いない。

早く死に過ぎたこともあり、ケネディは美化・神格化されすぎる傾向がある。ケネディが生きていたとして、「平和の戦略」をどこまで実行できたのか、ベトナムからの撤退を本当に実現できたかどうかは、わかりようがない。

1963年11月22日、ケネディはテキサス州ダラスで銃弾に倒れた。もともとケネディのベトナム政策に反対だった副大統領リンドン・B・ジョンソンは、大統領に昇格すると、「ベトナムを失うつもりはない」と言って南ベトナムへの支援を継続した。マクナマラはケネディが生きていたら違っていた、ベトナム戦争の責任はジョンソンにある、と『フォッグ・オブ・ウォー』のなかで語っている。

軍人としての最後の9カ月

1964年5月、ルメイはジョンソンから参謀総長の任期をもう9カ月だけ延長したいと言われ、また驚いた。マクナマラのベトナム戦争に対する方針に反対していただけに、延長はあり得ないと思っていたのである。ジョンソンがルメイを統合参謀本部にとどめようとした理由は、ルメイが来る11月の大統領選挙で共和党候補者を応援するのではないかと懸念したためだった。特に共和党右派のバリー・ゴールドウォーターは北ベトナムへの核兵器使用を容認する主張をし、共和党の候補者選びの先頭に立っていた。ゴールドウォーターは第二次世界大戦時の陸軍航空軍のパイロットで、ルメイとも知り合いだった。考えも近いだけに、ルメイが彼を応援する可能性は高く、ジョンソンはそれを阻止したいと考えたのだ。こうしてルメイは参謀総長としての、そして軍人としての最後の９カ月を過ごすことになる。

　１９６４年８月、北ベトナム沖トンキン湾の公海上にいたアメリカ海軍の駆逐艦が北ベトナム軍の哨戒艇に魚雷攻撃されるという事件が起きた。ジョンソンは北ベトナムを激しく非難、北ベトナムを攻撃する自由裁量権を与えるよう連邦議会に求めた。議会はそれを承認し、アメリカ軍が直接北ベトナムを攻撃するようになった。しかし、この「トンキン湾事件」は後にアメリカ側が仕組んだものであることが発覚した。アメリカの駆逐艦は北ベトナムの領海を侵犯しており、北ベトナムから受けたとする攻撃も、一部は捏造《ねつぞう》であった。

　この強引な手段によって、ジョンソンはベトナム戦争をアメリカと北ベトナムとの戦争に拡大させた。兵力はどんどん増強され、１９６５年２月には北ベトナムに対する本格的な爆

ジョンソンが広告で使った幼い女の子と核爆発の映像

撃（北爆）も始まった。しかし、やるならば徹底的に北ベトナムを痛めつけるべきだとするルメイから見れば、これは生ぬるかった。

1964年の大統領選挙では皮肉なことに、ジョンソンがゴールドウォーターの強硬な姿勢を危険だと非難する作戦に出た。広告で核爆発の映像を流し、ゴールドウォーターが当選したらこういうことが起こり得ると訴えたのだ。こうした作戦が功を奏し、11月の選挙ではジョンソンが圧勝した。

再選されたジョンソンは、その後もベトナム戦争をエスカレートさせていった。しかし、ルメイの強硬な意見が取り上げられることはなく、あとは1965年2月の引退を待つばかりとなった。ところが、もはや過去の人となっていたルメイが、引退の前後、世間の注目を集めることになる。

第10章
「ベトナムを石器時代に戻せ」
——日本による叙勲と回想録

この問題への私の解決策は、北ベトナムに率直にこう言ってやることだ。引き下がれ、攻撃は止めろ、さもなければ我々は爆撃によって北ベトナムを石器時代に戻す、と。そして我々は空軍力か海軍力によって、彼らを石器時代に押し戻すことになるだろう（LeMay & Kantor, 565）。

叙勲

ルメイ引退直前の1964年12月、その名が日本のマスコミに取り沙汰されることが起きた。ルメイが日本から勲一等旭日大綬章を授与されたのである。東京大空襲で10万人を殺し、さらに日本じゅうを焦土にした責任者に日本が勲章を贈る？　さぞかし多くの日本人が怒り、抗議したに違いない……と思われるのだが、全国紙の扱いは思いのほか小さく、大きな抗議集会が起きたという記事もない。

たとえば、『朝日新聞』は12月4日の夕刊の片隅に「ルメイ大将に勲一等」という見出しで次のような小さな記事が載せただけである。

「政府は四日午前の閣議で、米空軍参謀総長カーチス〔ママ〕・ルメイ大将に対して勲一等旭日大綬章を贈ることを決めた。同大将は六日、横田着の軍用機で来日、七日には防衛庁に小泉防衛庁長官を訪問する予定」

第一報としての報道は、大手の全国紙のどれも大差はない。12月4日の夕刊か5日の朝刊に小さな記事が出て、その後、散発的にこの件に関する国会での質疑や、抗議の声が載るくらいである。『朝日新聞』の6日朝刊には「ルメイ米大将の叙勲に反対」という見出しで、「広島、長崎の原爆投下を指揮したといわれる同大将に勲章を贈ること」に対し、社会党の反対、広島県労の抗議の記事があり、7日朝刊にはルメイの来日の記事、夕刊にはルメイが勲章を受け取ったという記事がある。

浦茂航空幕僚長から勲一等を受けるルメイ（LeMay&Kantor）

国会での質疑

同じ『朝日新聞』の7日夕刊には、衆議

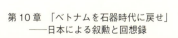

院予算委員会での、この問題をめぐる質疑も掲載されている。ルメイへの叙勲の理由を社会党・辻原弘市衆議院議員が質したのに対し、佐藤栄作首相は「日本の自衛隊建設に非常な功労があったからだ」と答え、さらに辻原と佐藤および小泉純也防衛庁長官とのあいだで次のようなやり取りがある。

辻原「ルメイ大将は第二次大戦中はグアム島の米第二十航空軍司令官として広島、長崎への原爆投下を指揮した責任者であり、こんどの叙勲は原水爆反対の国民悲願に逆らうような行為ではないか」

佐藤「現在、日本は米国と友好関係を続けている。過去は過去として、新しい時代における功績に報いるのは当然だと思う」

小泉「この叙勲は戦後の自衛隊に対する数々の貢献に応えるもので、戦時中の問題とは別個のものとの観点に立っている。なお、防衛庁の調べではルメイ大将は、原爆投下前の七月十六日付で他に転任しており、直接の責任者ではない」

小泉の答弁に関して言えば、まずルメイが原爆投下の「直接の責任者ではない」という点は正しい。しかし、ルメイが「他に転任」したというのは、7月16日にルメイの第21爆撃機集団が第20航空軍として改編されたことを指すのだろうが、ルメイはその後もマリアナ諸島のB29部隊の指揮を執り続けたのだから、的外れな答弁である。

ともかく、『朝日新聞』の記事を見る限り、ルメイに対する国会の議論はここで終わったようである。この問題に関する全国紙の扱いはすべてみな小さめだ。

広島の新聞の扱い

地方紙でルメイの叙勲を最も大きく扱ったのは広島の『中國新聞』だった。12月4日夕刊の第1面トップ記事で「広島に原爆投下時の司令官 ルメー［ママ］大将に勲一等」という大きな見出しを掲げ、次のように叙勲理由を説明している。

「ルメー大将は戦時中、東京爆撃を行なったマリアナ基地の米第二十一爆撃航空隊司令官を勤めた人だが、戦後、昭和三十六年七月から米空軍参謀総長としてバッジ（半自動防空警戒管制組織）の建設、レーダー・サイトの日本移管など航空自衛隊の育成強化に功績が多かったとしてこんどの来日を機会に勲章を贈呈することになった」

続いて『中國新聞』は「広島に大きな反響」「怒りと不信の被害者」という見出しのあとに、伊藤満原水禁広島協議会（社会党系）事務局長の「被爆者をはじめ原水禁運動にたずさわっているものにとって非常に遺憾である。航空自衛隊の育成に功績があったといって、いまルメー大将を表彰することは、再軍備への布石となることを心配する」という意見を掲載。ほかにも『原水爆時代』の著者、今堀誠二広島大学教授の意見として、「広島の惨状を少しでも理解したなら勲章を与えるということは常識では考えられない」という意見、大原亨社会党国民運動委員長の「原爆投下の張本人に日本国民を代表して勲一等をやるとはいくら勲章の乱発とはいいえ、ひどすぎる」という意見を載せている。

そのあとはこの叙勲を推進した側の言い分が続く。まずは源田実参議院議員の談話。源田は元海軍軍人で、真珠湾攻撃の作戦計画を立案し、攻撃に参加した。戦後は航空自衛隊の創設を指導し、第3代航空幕僚長を務めた後、参議院議員を4期24年務めた。源田はルメイへの叙勲について次のように言う。

「戦時中のことはどうあれ、ルメー大将が戦略空軍、空軍参謀総長として、航空自衛隊育成に力を入れてくれたことや核戦争抑制、ひいては平和の維持に努めた功績は評価すべきだ」

さらに源田は、自分も故ケネディ大統領から勲章を贈られたとき、米国内で「パールハーバー攻撃の責任者に勲章とは……」との声もあったが、ケネディは「戦後の功績にたいして贈るといったそうだ」と言っている。

続いて防衛庁事務次官・三輪良雄が次のように話している。

「ルメー空軍大将は戦争中B29爆撃戦闘機の司令官であったが、それは戦争中のことだ。戦後、米空軍の要職にあって航空自衛隊のレーダーサイトの日本移管、有償、無償の各援助、半自動防空警戒管制組織の導入など日本の防衛に尽くした功績は大きい。勲章を送ってもおかしくはないと思う」

『中國新聞』は翌12月5日の「広島版」でも「無視された国民感情」という見出しで、何人かの意見を掲載。当時の浜井信三広島市長が「市民としては国民感情や世論を十分考えて欲しかった」と語り、鈴木直吉広島県原水協（共産党系）会長は「核兵器禁止が大きな国際問題として取り上げられているとき、原爆投下を指揮したルメー将軍を叙勲することは、政府に何かの意図があるのではないか」と語っている。12月7日夕刊は「国民感情を無視」という見出しで、『朝日新聞』と同じ衆議院予算委員会での質疑を採録している。

その他の報道

ほかにこの叙勲を大きく扱った地方紙には、『琉球新報』があった。12月5日朝刊の第1面に、トップ記事ではないもののそれに次ぐ扱いで、ルメイの写真付きで記事を載せている。「ルメー［ママ］大将に勲一等」という大きな見出しのあと、「原爆投下を指揮した米空軍司令官」、さらに「航空自衛隊育成の功で」との見出しを続け、『中國新聞』とほぼ同じ説明があり、大原亨、三輪良雄、源田実の談話を載せている。『長崎新聞』は第7面の小さめの記事で、「自衛隊育ての親だが……」という見出しの下、大原亨、源田実、伊藤満の意見を載せている。

週刊誌の『サンデー毎日』（1964年12月27日号）は「〝原爆投下〟司令官の勲一等旭日大綬章」という記事で、ルメイへの叙勲を詳しく取り上げている。まず防衛庁航空幕僚幹部作成の「功績調書」から、これまでに挙げてきた功績に加えて、「航空自衛隊員の米国留学、実務訓練、日米共同の防空演習、軍事器材の有償、無償供与、航空自衛隊の次期戦闘機の決定」などに関して、多大な支援があったという公式発表を引用。さらに堀田政孝防衛庁人事局長の次の談話を紹介している。

「ルメイさんの尽力で航空自衛隊が米軍から無償でもらったものはお金にすると七百億円くらいになるでしょう。ジェット機でもF86機は、半分はアメリカがもってくれたし、F104機については、機種を決定するときから大へんなお世話になり、二五《パーセント》はアメリカが負担してくれたのです」

とはいえ、この記事が問題にするのも、原爆投下の司令官に勲一等を授与するのか、ということだ。それについて『サンデー毎日』は、自衛隊があらかじめその点を調査し、ルメイが「八月六日の広島、九日の長崎に原爆が落ちたときには、名実ともにその司令官ではなかった」と確認したと伝えている。ほかにも、これまで9人の米軍人が叙勲されていること、「叙勲はあくまで戦後の功績に対してである」という賞勲局の見解などを紹介し、最後に「ルメイ大将がもしも原爆投下の司令官だったら、やはりこんどの叙勲は気になりますね」

という、「防衛庁のある幹部」の言葉で締めくくっている。

ルメイの叙勲に批判的なようでありながら、『サンデー毎日』の記事がなんとも煮え切らないのは、結局「原爆投下の司令官だったのかどうか」に問題を絞ってしまい、ルメイが指揮した空襲にはまったく触れないためである。原爆投下の司令官でなければいいのか？東京大空襲をはじめとする各地の空襲の司令官だったことは問題にならないのか？

外国人の軍人への叙勲

では、アメリカ軍関係者への日本からの叙勲はどのように進められるのだろうか。松村五郎元陸上自衛隊陸将に一般的なことを訊ねてみたところ、次のような答えが返ってきた。

「アメリカ太平洋軍司令官など、自衛隊と協力関係にあった人が引退するときはたいてい防衛省を通して推薦します。その人が日本に来るときを狙って上申するのです。その際、その人の功績事項を書くわけですが、それ以外の過去のことには触れません。日本とアメリカが敵同士だったときのことなど、問題にしないのが当然です」

ルメイの場合で言えば、航空自衛隊が創設され、発展した10年間、彼はずっと米空軍の幹部だった。その10年、米空軍が自衛隊を支援してくれたのだから、その感謝を米空軍のトップに対して示したい。ちょうどそのときルメイは米空軍のトップという地位にあり、引退間近である。ならば、航空自衛隊創立10周年を記念して彼を招待し、勲章もあげようというわけだ。

　では、アメリカ軍関係者ではどんな人々が叙勲されているのか？　何と言っても有名なのはダグラス・マッカーサー元帥。彼は退役後の1960年に勲一等旭日桐花大綬章を受章している。これは旭日章の最上位であり、ルメイのものより格上だ。日本は自分たちを負かした敵将に最高の勲章を贈ったことになる。しかし、マッカーサーが戦後日本の民主化に貢献したことを考えれば、違和感を抱く人は少ないのではないか。

　ほかには、1955年にマックスウェル・D・テイラー極東軍司令官が陸軍参謀総長に転任する際に、1964年にハリー・D・フェルト太平洋米軍総司令官が退役する際に勲一等を受章している。彼らも戦時中、日本の敵であったことは言うまでもない。なかでも1961年に勲一等旭日大綬章を受章したアーレイ・バーク海軍作戦部長は、戦時中は日本人嫌いで知られ、激しい闘志で日本海軍の軍艦を何隻も撃沈した猛将だ。しかし戦後は親日家になり、海上自衛隊の創設に大いに協力したという（阿川 107-37）。確かに戦後の功績に対して叙勲するのだから、戦争中のことは問題にしないというのも理解できる。

　今世紀に入ってからはデニス・C・ブレア太平洋軍海軍大将（2002年）、バートン・モンテギュー・フィールド第5空軍司令官（2012年）、ジョナサン・ウィリアム・グリナート海軍作戦部長（２０１４年）、テレンス・Ｊ・オショネシー太平洋空軍司令官（２０１９年）など、要職に就いた人物はたいてい旭日大綬章を受章している。この流れで見ると、当時の防衛庁がルメイを推薦するのは、彼らの感覚では、特段異常なことではなかったのだろう。

原爆投下とルメイ

とはいえ、日米両政府とも公式にそのことを認めないにしても、ルメイが無差別爆撃をしたこと、一般市民に多くの死者を出したことは、否定しようのない事実である。このことを考慮して、推薦を差し控えることもできたのではないか。あるいは、佐藤内閣が政治的判断でそれを拒絶してもよかったのではないか。たとえばこれがレズリー・グローヴズだったらどうだったのだろう？　さすがに勲章は与えなかったのではないだろうか？　ここに日本が原爆だけを特殊視する傾向が見えてくるようにも思われる。

というのも、ルメイの叙勲に関して、『ニューヨーク・タイムズ』紙は日本の国会での議論を取り上げ、むしろルメイへの叙勲を原爆投下との関連で批判する日本側の態度に疑問を呈している。記事は原爆に関するルメイの役割は重要ではなかったと指摘し、それに続けて、彼が東京大空襲などの空爆を指揮したこと、低高度からの無差別爆撃で多くの死者を出し、日本の多くの都市を焼き尽くしたことなどを紹介している。日本ではこうした空襲との関連で叙勲を批判する意見がほとんどないことを不思議がる口調である（Trumbull）。

確かにこれはおかしなことだ。本書でも書いてきたとおり、ルメイは原爆投下にはあまり関わっていない。原爆搭載機の出撃を見届けただけである。ルメイは原爆投下について不必要だったとさえ発言している。それは自分の空襲で2発の原爆をはるかに上回る死者を出し、はるかに上回る地域を焦土としたからだ。こうした空爆でこそルメイは記憶されるべきであり、判断されなければならない。日本人が原爆を特殊視するあまり（特殊な兵器であることは言うまでもないが）、それ以外の爆弾を使った空爆に対して鈍感になっているとしたら、そのことも問題だろう。

辻原弘市議員の質問にしても、「原爆投下に関わった将軍に勲章を贈る」ことに対して疑問を投げかけたので、小泉長官の答弁は「ルメイ将軍は直接の責任者ではない」で済んでしまっている。ルメイを原爆投下と結びつけてしまうのは、かえって彼が実際にやったことの無視、そこまでいかなくとも軽視につながっていないだろうか。

右派の反応

ともかく、ここまで紹介した記事などを読むと、日本の再軍備を望む右派がルメイへの叙勲を推進し、左派がそれを批判しているように見える。しかし、言うまでもなく、右派がみなルメイへの叙勲を歓迎しているわけではない。石原慎太郎は右派の代表格と呼んで間違いないと思うが、都知事時代の2012年、都議会で次のような発言をしている。

「ルメイというのは航空の総司令官ですけれども、東京の大空襲を参謀たちは反対したのに、おれは日本が嫌いだ、日本人が嫌いだ、あの汚い国を焼いてきれいにするんだといって強行した。そのルメイに日本はおかしなことに、空軍自衛隊、航空自衛隊の創設に功があったというので勲章をやるんですな。こんなばかげた国というのは、私は世界にないと思いますけれども……」（土屋・但馬22）

この石原の発言に関して言えば、まず「参謀たちは反対したのに」というのは間違いである。本書でも書いてきたように、ルメイの焼夷弾攻撃はノースタッドが勧めていたし、結果を聞いたアーノルドは喜んだ。また、「おれは日本が嫌いだ」以下のようなことは、ルメイは一度も言っていない。ひどい事実誤認と言わねばなるまい。

石原が都議会でこのような発言をしたのは、東京都として空襲の戦没者を悼む平和祈念館を作るかどうかの質問に答えたときのことである。このなかで石原は広島と長崎への原爆投下や東京大空襲がジュネーブ協定違反であり、戦争犯罪であると言って、それをやったアメリカを非難している。その背景には、平和祈念館を作ろうとしている遺族会の人々が日本政府に補償を求めており、それに対して右派が反発しているということがある。日本政府に非はない、アメリカが戦争犯罪を犯したのだ、というのが彼らの主張なのだ。石原はそれを受けて、平和祈念館建設に慎重な姿勢を示したのである。

オーストラリア人のドキュメンタリー映像作家、エイドリアン・フランシスが東京大空襲の生存者たちにインタビューし、遺族会の活動を記録した2021年の映画『ペーパーシティ　東京大空襲の記憶』では、日本政府に対して補償を求める遺族会の集会に右翼の街宣車が乗りこむ場面が映し出されている。右翼たちは「空襲を行なったのは日本ではありませんよ、アメリカですよ、あれはアメリカの戦争犯罪です、アメリカ大使館に抗議しなさい、乞食みたいなことはやめなさい」といった言葉を遺族会に向かって投げつける。ルメイのやったことは戦争犯罪だというのは、右派の多くが抱いている意見なのだ。

左派の反応

もちろん、社会党国民運動委員長の発言からもわかるように、左派もルメイのやったことは戦争犯罪だと考え、彼への叙勲に反対している。『赤旗』は2019年5月、スカイツリーがトランプ大統領の来日に合わせて星条旗のイメージでライトアップされたことに関し、それに反発したコラムを載せた。そのなかでスカイツリー建設地は東京大空襲で最も被害が大きかった地域であることに触れ、空襲とルメイについて次のように述べている。

「民間無差別爆撃は当時の国際法に反するものでしたが、戦後、日本政府はヒロシマ・ナガサキでの核使用も含め、米国の責任は今日まで追及されずにきました。それどころか無差別爆撃と殺りくの指揮官だったカーチス［ママ］・ルメイ将軍に、自衛隊の創設と訓練に功績があったとして64年に勲一等旭日大綬章まで授与しています」

ようするにルメイのやったことは戦争犯罪であり、そのルメイに勲章を贈るなどとんでもないという点では、右派も左派も一致しているのである。違いがあるとすれば、左派が日本にも非があったと考えているのに、右派はそれを否定する点だ。では、日本に非がなかったのにあのような無差別爆撃を受けたのだとしたら、街宣車の右翼たちが言うようにアメリカ大使館に抗議すればよいのか？　アメリカを戦争犯罪で訴える？　もちろん、それはできない相談だ。日本は無条件降伏をしたのであり、アメリカに賠償は求めず、東京裁判の結果を受け入れるというのは、日米同盟の大前提である。

したがって戦後の世界秩序において日米同盟が重要だと考えれば、ルメイの叙勲には特に問題がないということになるのだろう。源田実は戦時中のこととは別に、戦後の功績に対して勲章を贈るという趣旨だと述べている。しかし、日本政府の考えはそうだとしても、ノンフィクション作家の保阪正康も指摘するように、「東京大空襲は正しかったと日本政府が公認したと歴史的にはみなされることになるではないか」（保阪253）。つまり、外に対しては、「日本はルメイが過去にやったことに感謝している、少なくとも受け入れている」という印象を与えてしまうはずだ。

ルメイへの感謝？

「日本がルメイに感謝している」という点について言えば、『ボマーマフィア』が興味深いエピソードを紹介している。アメリカの歴史家が日本人の聴衆相手に焼夷弾爆撃について発表したとき、日本人の歴史家が立ち上がって、「私たちは空襲と原爆投下のことで、アメリカ人に感謝しなければいけません」と発言したというのである。アメリカ人の歴史家が面喰っていると、日本の歴史家はこう説明した。「大空襲と原爆の被害が甚大だったからこそ、私たちは8月に降伏したのです」（Gladwell, 155）

実際、ルメイの伝記作家たちは、ルメイへの日本による叙勲をそう捉えている。日本はルメイによって甚大な被害を受けたが、そのおかげで本土決戦の前に降伏することになり、膨大な数の死者を出すことは防げた。さらに民主国家として蘇ることができた。だから日本はルメイに感謝している。したがって、朝鮮戦争でも、キューバ危機でも、ベトナム戦争でも、ルメイの考えが通っていたら、そのときは大きな犠牲を生むかもしれないが、最終的にはそれぞれの国に感謝されるような結果を生んだのではないか……。

これがルメイの伝記作家たちの解釈だが、朝鮮戦争、キューバ危機、ベトナム戦争などを太平洋戦争と同じように扱うのは無理があると言わねばならない。国連軍として参戦した朝鮮戦争の場合、国連決議で許された軍事行動は北緯38度線まで北朝鮮軍を押し戻すことであり、さらに北朝鮮領内に侵攻し、その政府を消滅させることは明らかな越権行為である。キューバとベトナムの場合は、そもそもアメリカが介入する（他国の政府を転覆しようとする）こと自体に正当性がない。それなのに核使用も辞さぬ攻撃を加えようというのは、あまりに非人道的だ。もしアメリカが核攻撃をしたら、キューバも北ベトナムも、自国を守るために徹底的に戦おうとし、すさまじい死者が出たことだろう。人類が滅亡していたかもしれないというのは、以前にも述べたとおりである。

いずれにせよ、ベトナム戦争時に日本がルメイに勲章を贈ることで、「ルメイは正しかったのだ」「ルメイの主張したとおりにしたほうがよかった」という印象を世界に与えたとしたら、残念な結果と言わねばなるまい。

ナパーム弾への反対運動

もう一つ、ルメイへの叙勲を残念と言わねばならない理由として、この時期、ナパーム弾の使用に対して国際的な非難が高まりつつあったということがある。アメリカの供与するナパーム弾によって、南ベトナム軍がベトコンの潜伏地と見られる場所に攻撃を仕掛け、民間人に多数の犠牲者を出していた。アメリカによる本格介入以降は、アメリカ軍自体がナパーム弾をさかんに使い始める。核兵器使用を控えているだけに、ナパーム弾の使用には歯止めがなくなった感があった。

　バートランド・ラッセルは１９６３年4月、『ニューヨーク・タイムズ』紙に手紙を送り、アメリカのナパーム弾使用を厳しく糾弾した（Neer, 114）。１９６５年には、ナパームを製造しているダウ・ケミカル社に対する大規模な抗議運動および不買運動がカリフォルニア州で展開される。かつてＳＡＣで給油機や偵察機を飛ばしていたＨ・ブルース・フランクリンはこのときスタンフォード大学の英文学の准教授となっており、抗議活動の先頭に立った。仲間たちとともにダウ・ケミカルの工場前でビラを配り、残酷な兵器の製造に加担しているという事実を従業員たちに知らせようとした（Neer, 117）。この抗議活動を報道した１９６６年5月の『ニューヨーク・タイムズ』紙で、フランクリンは次のように語っている。

「第二次世界大戦におけるドイツへの数回の空襲を除けば、ナパーム弾は日本、朝鮮半島、ベトナムなど、非白人に対して使用されてきました」（Turner）

　人間を生きたまま丸焦げにしてしまうナパーム弾。それをアメリカはアジア人にほぼ限定して使用してきた。そこにアジア人蔑視の考え方が作用していたと言って、まず間違いないだろう。その皮切りとなり、最も死者を出したのが、ルメイによる東京大空襲だったのだ。ルメイに勲章を与える際に日本政府が考慮すべきは——そしてそれを批判するときに政治家や活動家、マスコミが目を向けるべきは——ルメイの原爆投下に対するささやかな役割よりも、まさにこのナパーム弾による無差別爆撃だろう。その考慮がなかったために、日本はルメイのやったことを受け入れている、感謝さえしているといった印象を全世界に与えてしまったのである。

引退と回想録

叙勲の2カ月後の1965年2月、ルメイは引退を迎えた。

最後の幹部会議で、ルメイは後進の者たちに"Stick to your guns"と語りかけた。「自分の立場を固守しろ」という意味の熟語だが、ルメイが言うと、「自分の武器に固執しろ」という文字どおりの意味も込められているように感じられてしまう。引退のセレモニーはホワイトハウスで開かれ、ジョンソン大統領がルメイを称える言葉を贈った。その後のアンドルーズ空軍基地での式典では、ルメイに敬意を表し、ルメイが士官候補生時代に乗ったコンソリデーテッド社の訓練機から最新の爆撃機まで、彼が関わったすべての飛行機が宙を舞った。

　引退後、彼が取り組んだことの一つに回想録の執筆があった。執筆とはいっても、友人の作家、マッキンレー・カンターが彼にインタビューし、それをまとめていったものである。この回想録は『ルメイとのミッション』（*Mission with LeMay*）というタイトルで、1965年10月に出版された。パイロットを目指した少年時代から、軍人となって実行した数々のミッション、そして統合参謀本部時代の政権との軋轢《あつれき》まで、彼特有の率直な語り口で振り返られている。さまざまな意味で貴重な資料となり、本書もこの本に大きく依拠している。

　この回想録でルメイは、自己の国防論を存分に展開している。たとえば、次のような文章だ。

「我々が原子爆弾を持ち、ロシア人が持っていなかった時代を、未来のアメリカ人アナリストは悲しげに振り返るかもしれない。あるいは、ロシア人が（西側の人々で歪んだ心の持ち主たちの黙認や裏切りを通して）原子爆弾を手にしたものの、兵器の備蓄はまだしていなかった時代を。そうした時代になら我々はロシアを完璧に破壊でき、こちらは肘を擦りむくこともなかったかもしれないのだ。我々はロシアをその国境まで押し返し、ほかの小国をひどい苦難から解放できたであろう」（LeMay & Kantor, 560-61）

　ソ連がまだ弱かったうちに、核攻撃によって叩いておくべきだったという、無茶とも言える過激な主張。彼はＳＡＣから統合参謀本部の時代にかけて、どんどんタカ派の傾向を強め、こうした過激な発言によって敵を作ってきた。空軍幹部のなかにも、参謀総長としての彼を批判する者がいたほどだ。たとえば参謀総長としてルメイの前任者だったホワイトは、ルメイが世界を白黒つける形でしか見られなかったことを指摘し、ワシントンの世界ではこれは通用しなかったと述べている（Kozak, 361）。

「石器時代」発言の波紋

右の文章以上に全米で物議を醸し、ルメイの名を悪い意味で高めてしまった文章がある。章の冒頭で引用した、「北ベトナムを石器時代に戻せ」という主張だ。

爆撃によって石器時代に戻す？　何とひどいことを言うのだ？　この言葉はさまざまな場面で取り上げられ、引用されて、ルメイを超タカ派の代表的人物に君臨させることになった。この本を書評したライターのＩ・Ｆ・ストーンは、ルメイが民間人の殺戮に無神経であることを第二次世界大戦にさかのぼって指摘し、彼の戦争観こそが石器時代のままだと批判した。そしてルメイを「爆撃機に乗った穴居人」（I. F. Stone, 326）と呼んだのだが、これも彼を言い表わす言葉として広まった。平和主義者やリベラル派にとって、彼は悪魔のような存在となった。

1960年代から70年代にかけての人気作家、カート・ヴォネガット・ジュニアも、「石器時代に戻す」という言葉に大きな衝撃を受けたように思われる。彼は第二次世界大戦で一兵卒としてヨーロッパ戦線に派遣され、ドイツで捕虜となって、ドレスデンの収容所に送られた。そこで連合軍によるドレスデン爆撃に遭遇。何万人もの死者を出した爆撃のあとの焼け野原に出て、一般市民の死体の山を目の当たりにした。自分たちは加害者の側でもあるということが、彼の心に深く刻まれた。

いつかはドレスデン空襲のことを書きたいと思っていながら、あまりに衝撃的な記憶だったので、ヴォネガットはずっと書けずにいた。そしてついに20年以上の時を経て、タイムトラベルや宇宙人といったSF的な要素も取り入れて書いたのが、ベストセラーになった『スローターハウス5』（1969年）だった。この小説の主人公はドレスデン空襲を経験し、心に深いトラウマを負って、感情的に麻痺した状態で日々を過ごしている。ベトナム戦争の時期、ライオンズクラブの会合で、彼は海兵隊の少佐の話を聞く。少佐は「北ベトナムが現在の立場に固執するならば、その人民を石器時代に送り返すことも辞さない」と言う（Vonnegut, *Slaughterhouse-Five*, 160)。「生きることに不熱心」で、タイムトラベルによって未来も知っている主人公は、これを聞いても何も感じられない。

ヴォネガットはよほどこの言葉が気にかかったらしく、『ホーカス・ポーカス』（199

０年）でも引用している。ダンスに夢中になっている結婚相手について、主人公が次のように言うのだ。「倒れるまで踊り続けるというのは、北ベトナムを爆撃で石器時代に戻したがったり、ほかのどこかの国を爆撃で石器時代に戻したがったりするほど、常軌を逸した行為ではない」（Vonnegut, *Hocus Pocus*, 54）

ベトナム戦争の帰還兵で、この戦争を描いた者のなかでは最高の作家と見なされているティム・オブライエンも、ルメイの言葉を引用している。自伝的な要素を含む『本当の戦争の話をしよう』（１９９０年）のなかの「レイニー河で」という短篇で、徴兵令状をもらった主人公が煩悶する場面だ。自分はリベラルであり、ベトナム戦争には反対だ。それなのになぜ自分が徴兵されなければならないのだ？　そう考えた主人公はこう続ける。「どうして〝ベトナムを石器時代に戻せ〟と叫ぶタカ派のやつらを徴兵しないんだ」（O'Brien, 41）。リベラル派にとって、この言葉がタカ派の象徴になっていたことがわかる。

キルゴア中佐（『地獄の黙示録』）

映画でも使われている。ベトナム戦争を描いたフランシス・フォード・コッポラ監督の『地獄の黙示録』（１９７９

年）では、ロバート・デュヴァル演じるキルゴア中佐が、ナパーム弾による攻撃を爆撃機に指示する際、「吹き飛ばして石器時代に戻してしまえ」と言う。

とはいえ、実のところこの言葉はルメイ自身が書いたものではない。ベトナム戦争に関する彼の主張を展開していくなかで、カンターが勝手に挿入したものである。ルメイはおざなりにしか校正をせず、これを見落としたらしい。しかし校正でこれを見つけたとして、ルメイが削除したかどうかもわからない。カンターがこのフレーズを入れたのも、いかにもルメイが言いそうだと思ったからだ。いずれにせよ、自分の名を冠した本のなかの文章なのだから、ルメイに責任があることは言うまでもない。そしてこの「ベトナムを石器時代に戻せ」という言葉は、その後のルメイについてまわるようになる。

こうした発言によるネガティブなイメージのせいもあり、空軍引退後の彼には職のオファーがあまりなかったという。しかし、少し遅れてカリフォルニア州の電子機器メーカーからオファーがあり、その会社の顧問となって、高級住宅地のベルエアーに邸宅を建てて移り住んだ。その後も、アメリカの国防についての提言、特にジョンソン政権のベトナム政策への批判は発信し続けた。

そして１９６８年、リベラル派にとっては「悪魔」のようなルメイのイメージを決定づける出来事が起きる。

第11章

民主党政権をつぶせ——1968年の戦い

戦争の可能性を完全に撲滅してしまおうとする人は、人間をやめたほうがいい。ユートピア的な追求を続ける平和主義者たちは、征服者たちと同じくらい、人類に害を与えかねないのだ（LeMay, *America Is in Danger*, 69）。

アメリカの分裂

1968年のアメリカは二つのことで国民が分裂していた。黒人差別の問題とベトナム戦争である。

前者について言えば、ケネディから懸案を引き継いだジョンソンが1964年に公民権法を成立させ、翌年には投票権法も成立させた。これによって南部で行われていた人種隔離や黒人の投票への妨害が違法とされた。しかし南部保守派の抵抗は根強く、差別は残り続けた。ベトナム戦争の戦費がかさんだため、貧困対策に予算がまわらず、黒人の生活向上も進まなかった。1968年4月には、公民権運動を指導してきたマーティン・ルーサー・キング牧師が白人人種差別主義者に殺され、黒人たちの怒りが爆発。各地で人種暴動が起きた。

ベトナム戦争については、いよいよ泥沼化の様相を呈していた。ジョンソンは北ベトナムへの爆撃を続けたものの、南ベトナムで活動するベトコンたちの攻撃は一向に止まらなかった。アメリカはベトナムに送る兵力を強化、枯葉剤を散布してベトコンの隠れ場である森林を除去する作戦や、ベトコンが潜伏すると思われる村々の捜索に力を入れた。しかし、こうした作戦が深刻な環境被害を生み、また、一般市民の虐殺にもつながっていった。

1968年1月、ベトナムの旧正月のテトに、北ベトナム軍とベトコンが各地で奇襲攻撃を仕掛け、アメリカ軍に大きな打撃を加えた。このとき、ベトコンの兵士を路上で処刑する南ベトナム警察の映像が世界に流され、衝撃を与えた。大きな犠牲を出しながら続けているベトナム戦争だが、出口はまったく見えてこない。しかも、アメリカはベトナム人をむやみに殺害する悪の側にいるのではないか。アメリカ国民の戦争に対する疑問と反感は高まり、反戦運動が激化した。自分が支持を得られないと悟ったジョンソンは、この年の11月の大統領選挙に出馬しない意向を表明した。

『危機にあるアメリカ』

言うまでもなく、ルメイはこうした戦況に大いに不満であった。そしてこの年、『危機にあるアメリカ』（*America Is in Danger*）という本を出版した。国防に関する持論を展開したもので、章の冒頭に掲げたのもこの本からの一節である。戦争をするのが人間の性《さが》なのだから、常にそれに備えなければならない。そして、常に先制攻撃できるように準備しておかなければならない。この先制攻撃を主張する次の部分は、ルメイの考えを端的に表わしている。

「抑止力は、勝とうとしない無益な戦いによっては確保されない。敵の先制攻撃を耐え忍び、効果的な報復をする能力に頼るべきではなく、先制攻撃をして、必要なら勝てる能力に頼るべきなのである」（LeMay, *America Is in Danger*, 63）

アメリカは世界一の防衛力を常に維持し、先制攻撃も辞さぬという態度で睨みをきかせる──そして必要ならば、実際に核兵器使用をも含む先制攻撃を加える。ルメイの主張は将軍時代からまったくぶれることはなかった。

この本が大きな反響を呼んだわけではない。ルメイはもはや過去の人だったと言って間違いないだろう。しかし、反戦運動の嵐が吹き荒れるさなか、その対極にいるルメイは、極右の代表的人物としてまだ存在感があった。というのも、大統領選挙の準備をしていたある保守派の政治家が、彼に接触してきたのである。

ジョージ・ウォレス

その政治家とは、前アラバマ州知事のジョージ・ウォレス。強固な人種差別主義者で、人種隔離政策を固守しようとする南部白人の中心人物だった。彼がアラバマ州知事に就任したときの「いま人種隔離を！　明日も人種隔離を！　永遠に人種隔離を！」という言葉は、南部保守派のスローガンともなった。1963年7月、黒人学生たちがアラバマ大学に登校しようとしたときは、自ら門の前に立ちふさがり、阻止しようとした。連邦政府が進めている人種統合政策に対し、最後まで抵抗するシンボル的な存在だった。

ウォレスは1964年の大統領選挙で民主党の候補者指名を争い、ジョンソンに敗れていた。しかし北部に遊説に赴いた際、意外と田園地帯では支持が得られることを知った。そこで1968年の大統領選挙では、第3党のアメリカ独立党から立候補することにした。最有力と見られていたロバート・ケネディが6月に暗殺され、民主党は現副大統領のヒューバート・ハンフリーに決まった。対する共和党は元副大統領のリチャード・ニクソン。どちらも圧倒的な人気を誇る候補とは言えない。選挙人の数で過半数に達する候補者がいなければ、下院議員の投票に委ねられる。そうなれば自分にもチャンスがあるとウォレスは考え、一緒に選挙戦を戦う副大統領候補を探していたのである。

ウォレスはかつて陸軍航空隊の軍曹であり、太平洋戦争ではルメイの下で戦った。その縁もあってルメイに白羽の矢を立てた。しかしルメイは、最初はにべもなく断わった。自分は政治家に向いていないと思っていたのである。確かに、ぶっきらぼうな物言いをし、交渉ごとに長けているとは言えないルメイは、政界向きの人物ではなかった。しかしウォレス側が二度目に接触してきたとき、ある言葉が彼の心を動かした。「このままではハンフリーが当選し、ケネディ＝ジョンソン政権のベトナム政策が引き継がれる」。これはルメイにとって、どうしても許せないことだった。

ルメイは共和党候補のニクソンにも不満を抱くようになっていた。広く支持を得るために強硬な姿勢を和らげ、戦争から「名誉ある撤退」をするという言い方をしていたのだ。自分が求めるようなベトナム政策をニクソンが取るかどうかは怪しい。そう考えてルメイは立候補を承諾した。発表されたのは10月3日。大統領選挙はすでに一カ月後に迫っていた。

人種差別とルメイ

ルメイは人種差別主義者だったのか？　伝記作家たちはみな「そうではなかった」と断言する。かつて部下にユダヤ人を虐待する者がいたとき、ルメイはその男を更迭した。人種統合するようにという命令がトルーマン大統領から軍に下ったときは、黒人で有能な者を積極的に採用し、白人たちに不満を言わせないように努めた。効率を何より重視するルメイにとって、差別はその邪魔となるものだった。ルメイはむしろウォレスの人種差別を軽蔑していたのだという。

確かにどの文献を読んでも、ルメイが人種差別主義者であるという証拠はまったく見つからない。たとえば、ジョン・W・ダワーの『容赦なき戦争』を見てみよう。これは太平洋戦争において、アメリカ側の人種偏見がいかに日本に対する容赦ない攻撃につながったかを解き明かしていく本だ。そのなかでダワーは軍人や政治家、メディアなどの差別的言動の例を多数挙げていくが、ルメイはそこに登場しない。東京大空襲などの空爆に関しても、効率重視で決めたことであり、日本人に対する差別意識が関わっているようには見えない。というのも、ルメイはドイツに対しても容赦なく爆撃しているのである。少なくとも、平均的なアメリカ人以上にルメイが差別主義者だったとは、まったく言えないように思われる。

それでもルメイがウォレスの副大統領候補になったのはなぜか？　一つには、ウォレスが全国的な支持拡大のために、人種隔離政策を前面に出していなかったというのがある。ウォレスはこの混沌とした状況を解決するために「法と秩序」の回復を訴えた。これはルメイにも賛成できることだった。そしてルメイとしては、自分のベトナム政策に関する考えを訴える場がほしかったのである。

とはいえ、周囲の者たちはみな反対した。ウォレスと組んだら、当然ながら人種差別主義者と見られ、後世にもそういう形で名を残してしまう。輝かしい功績を汚す行為ではないか。親族のみならず、軍関係者がこぞってルメイに翻意を促した。スパーツやエーカーなど、かつての上官たちもやめるように言った。第二次世界大戦のときの部下、ラルフ・ナッターもルメイに電話をかけ、考え直してくれと頼んだ。ルメイは、当選できないことはわかっているが、国防に関する自分の考えを広める場がほしいのだと答えた。ジョンソンはベトナム戦争について国民に嘘をついた。ハンフリーも同じことをするだろう。それを阻止したいのだ、と（Nutter, 290）。

選挙戦

『タイム』誌は1968年10月18日号でウォレスとルメイの似顔絵を表紙に掲げ、この選挙戦を特集した。ルメイにとって、『タイム』誌の表紙を飾るのは1945年と1950年に続いて3度目である。しかし英雄扱いだった前2回と比べ、今回はかなり辛辣な目が彼に向けられている。

まず彼の立候補に対する批判的なコメントが紹介されている。1964年の共和党大統領候補で、ルメイとは旧知の仲であるバリー・ゴールドウォーターは、「彼がミスを犯したわけではないことを願うが、私は彼がミスを犯したと思う」と言う。ルメイの国防省時代の同僚は「（彼のこの立候補は）我々にとってクソほどにも役に立っていない」と吐き捨てる。ヘレンの母である91歳のメイトランド夫人は、「私はカートを崇拝していましたが、これにはとてもとてもがっかりしています」と言う。

さらに『タイム』誌はルメイとマクナマラ国防長官との確執に触れ、引退後は歯に衣着せぬ発言をするようになったとして、「北ベトナムを石器時代に戻せ」をその例として挙げる。そして、「このような激しい物言いによって、かつては彼に同情的だった軍人たちも彼に背を向けるようになった。下顎が張り、いつも葉巻を口にくわえ、近寄りがたい風貌の彼は、はからずも『博士の異常な愛情』の登場人物のような自己のイメージを作り出していった」と言う。

こうして始まった選挙戦は「大惨事だった」と伝記作家たちもナッターも一致して言う。10月3日、選挙戦をスタートさせる演説で、ウォレスとルメイは政策のすり合わせができていなかったことを露呈してしまったのだ。ルメイはいきなり自分の戦争哲学を披露し、戦争に勝つためには核兵器を含むあらゆる兵器を使わなければならないと言った。この国には核兵器に対する恐怖症がはびこっているが、それは間違っている。「核兵器を使うのが最も効率的である場合がたくさんあるのです」と彼は言った。

「核兵器を爆発させて世界が終わるとは思いません」と彼は続け、ビキニ環礁での水爆実験後、自然環境が元どおり復活したと主張した。「魚はみなサンゴ礁に戻り、ココナッツの木々にはココナッツが生り、グアバの茂みも果物をつけ、鳥たちも戻っています」(Chester, 699)

核兵器使用を明言するつもりのなかったウォレスは真っ蒼になった。「ルメイ将軍は核兵器の使用を主張しているわけではまったくありません。私と同様、核兵器の使用には反対しています」。そう彼は取り繕おうとしたが、ルメイはその努力をぶち壊した。「どんな兵器も使わないほうがいい」と言いながらも、「戦争を終わらせるのに必要なら核兵器を使うのですか?」という質問に対してこう答えたのだ。「それが必要でしたら、我々が考え得るどんな兵器も使うでしょう——必要ならば、核兵器も含めて」(Chester, 700)

記者が中絶の合法化や避妊の問題に関して質問が出たときも、両者のあいだでの意見の相違が露わになった。南部保守派は避妊と人工中絶に一貫して反対しているにもかかわらず、ルメイは「どちらにも賛成する」と言ったのだ(Karmin)。準備不足はもちろん、ルメイが政治に関していかに素人であるかが露呈された形だった。

リベラル層からの猛反発

リベラル層の反発は激越だった。10月6日付の『ロサンゼルス・タイムズ』紙は第一面に、腕を高く振り上げるウォレスとルメイの漫画を掲載した。ルメイは例によって葉巻をくわえ、そこから原爆のきのこ雲が上がっている。背後にはアドルフ・ヒトラーとヘルマン・ゲーリングの姿がぼんやりと浮かび、「古き良き時代を思い出させるな、ヘル・ゲーリング？」というキャプションがある。

『タイム』誌1968年10月18日号

ルメイは至るところで荒っぽい出迎えを受けた。演説会には野次が浴びせかけられ、会場の外ではプラカードを持った若者たちが群がった（Karmin）。ルメイが通った高校では、玄関ホールに飾られた彼の写真を取り除くよう、何人かの生徒が要求したという（*Time*, October 18, 1968）。

ルメイはこのとき、電子機器メーカーを休職する形で立候補していた。しかし、選挙戦のあいだにこの会社の株がどんどん急落した。これが明らかにルメイのせいであったため、社長はルメイを更迭せざるを得なくなった。『ニューヨーク・タイムズ』紙は、「ルメイが年収5万ドルの仕事を失う」という記事を掲載している（Hill）。

11月の選挙の結果は言うまでもなく惨敗だった。ウォレスとルメイのチームが獲得したのはジョージア、ミシシッピ、ルイジアナ、アーカンソー、そしてアラバマの南部5州で、選挙人の数は46、得票率は13パーセントに満たなかった。三つ巴にして、下院議会での大統領選出に持ちこみたいというウォレスの思惑は完全に外れた。大統領には301の選挙人を獲得したニクソンが選ばれ、ルメイは政治の舞台から退いた。

晩年

その後のルメイは、定期的に『ナショナルジオグラフィック』誌の理事会のために東部に赴いたり、さまざまな大学からの名誉学位授与式に出席したりと、公共の場にもたびたび姿を現わした。空軍の若手のための講演や、歴史編纂のための聞き取りにも積極的に協力した。それ以外は、基本的にカリフォルニア州の自宅で過ごした。地元に親しい友人たちができ、彼らとハンティングを楽しんだ。車で15分のところにジェイニーとジムのロッジ夫妻が住んでいて、孫のチャールズが生まれていた。ルメイはチャールズに釣りやハンティング、機械いじりなどを教えた。孫が高所恐怖症で、パイロットの道を選ばなかったのは残念がっていたという（鈴木 198-200）。

この時期、ルメイはＮＨＫの番組に登場している。１９７８年3月9日放送の『ＮＨＫ特集　東京大空襲』のための取材だ。これはアメリカ側の爆撃命令書や映像記録と日本側の資料や証言とを合わせ、東京大空襲の惨禍を振り返る番組。その最後の部分でＮＨＫはルメイへのインタビューを試み、彼のカリフォルニアの自宅を訪ねている。ルメイは取材班を家のなかに招じ入れたものの、「インタビューはダメだ！」「戦争は遠い昔のことだ、もう忘れたい」と言い、取材に応じようとしなかった。そして「勲章は見てもいい」と言って、勲章が並ぶ棚を指さした。そのなかにある日本からの勲一等旭日大綬章を、ＮＨＫのカメラは大きく映し出した。

訃報と葬儀

１９９０年10月1日、ルメイは84歳の誕生日の6週間前に心臓発作で息を引き取った。

訃報を伝えたアメリカの新聞報道はさまざまだったが、やはり「ベトナムを石器時代に戻せ」の発言と１９６８年の大統領選挙には、たいていの記事が言及した。『ニューヨーク・タイムズ』紙は、冒頭で核による先制攻撃を主唱した人物として紹介し、戦争におけるさまざまな功績にも触れつつ、「石器時代」と１９６８年の選挙のことを取り上げた。

テレビでは、ＡＢＣニュースのアンカーが第一報で「石器時代」と１９６８年の選挙のことしか取り上げず、テレビ局に苦情が殺到した。そこで次の日、改めてルメイの履歴を紹介したが、やはり「石器時代」と1968年の選挙のことをダメ押しのように付け加えた。

日本で大きく扱われたとは言いがたい。同じタイミングでナレーターの芥川隆行が亡くなっているが、芥川の扱いのほうがずっと大きかった。『朝日新聞』と『毎日新聞』は共同通信社の記事を使用。それはルメイが「東京など日本の主要都市、軍事施設を空襲、日本の戦争遂行能力に壊滅的な打撃を加えた」とし、「トルーマン大統領の広島、長崎への原爆投下命令を実行」と続けている。『朝日新聞』はそこに日本政府からの勲一等も付け加えている。『読売新聞』の記事は特派員が書いており、もっと詳しい。ルメイを「元米空軍参謀総長で、太平洋戦争中には広島、長崎への原爆投下、東京大空襲を指揮した」と紹介し、彼の「原爆投下がなくても、あと二週間で戦争は終結した」という言葉や、「トルーマン大統領（当時）から私信で原爆投下を命じて来た」という言葉を紹介している。続いて大学卒業から空軍参謀総長になるまでの履歴をたどり、「石器時代」発言や1968年の大統領選挙にも触れている。

『中國新聞』は「広島・長崎原爆投下を指揮」という見出しとともに「ルメイ元将軍が死去」という記事を載せている。東京大空襲にも触れるものの、やはり中心は原爆投下で、次のように彼を紹介している。

「戦争末期には広島、長崎への原爆攻撃の戦術面での直接責任者として作戦を立てた。彼はその中でポール・チベッツ大佐を『エノラ・ゲイ号』（B29）の機長に選び、8月6日早朝、テニアン基地から広島へ発進させた」

このチベッツとはティベッツのことだが、彼を機長に選んだという部分は事実と反している。ほかには日本からの叙勲のこと、そのとき被爆者から強い抗議があったことに触れ、ルメイ自身の次の言葉で締めくくっている。

「日本は原爆を使わなくても、焼い弾のじゅうたん爆撃で降伏していた。自分は、トルーマン大統領の命令で原爆投下を指揮しただけだ」

『長崎新聞』も、これよりずっと小さい記事だが、だいたい同じ内容である。

家族と民間人の友人によるルメイの葬儀は、自宅に近いマーチ空軍基地で営まれた。60年ほど前、ルメイが士官候補生時代を過ごしたところだ。そのあと棺は飛行機でコロラドスプリングスに運ばれ、空軍士官学校で軍の葬儀と埋葬が執り行われた。士官候補生全員が彼を見送り、B52を先頭にジェット戦闘機の編隊が彼の墓の上を飛んだ。彼の墓には、空軍のなかでも最高位のパイロットにしか与えられない、コマンドパイロットウィングのバッジの模様が刻まれている。

ルメイの人生が投げかける問い

　大空を飛ぶことに憧れた少年は、どうしたらその夢が実現できるかを現実的に考え、陸軍航空隊に入隊した。そして戦争が起こり、彼は数々のミッションを成功させ、将軍にまでなった。特に日本各地の空襲で日本人を多数殺し、日本じゅうを焼け野原にしたことで、アメリカでは英雄となった。しかし戦後、核使用も含む先制攻撃を主張し、アメリカでの評価はだんだんとネガティブになっていった。「石器時代」の発言や1968年の大統領選挙によって、リベラル派からは悪魔のように見なされた。日本では勲章を授与されたが、原爆投下の責任者のように扱われることも多かった。

　戦争がなかったら、彼はパイロットとなって、世界の空を飛びまわっていただろう。飛行機の操縦という好きなことを仕事にでき、幸せな人生が送れたのではないか。パイロットとして第一線を退いたあとも、指導者としての能力を発揮したに違いない。強面《こわもて》でとても厳しいが、実は思いやりのある鬼教官。そんなテレビドラマに出てきそうな人物像が頭に浮かぶ。戦争がなかったら……。

　確かにルメイも言うとおり、戦争をするのは人間の性《さが》なのかもしれない。しかし、戦争を防ぐために彼がしたことは、戦争のための兵器をどんどん増強し、危険を煽ることだった。一歩間違えば、そのせいで人類は滅亡していたかもしれない。なぜそういう行動をとったのか。それ以外の方法はなかったのか。戦争をするのが人間の性《さが》なのだとしたら、だからこそ、その性《さが》を制御する道を——戦争を煽ることなく制御する道を——求められなかったのだろうか。

ルメイは決して悪魔ではなかった。合理的で現実的な人間だった。だからこそ、彼の人生はさまざまな示唆に富み、さまざまな問いを投げかける。日本はルメイをどのように考え、どう評価すべきなのか。勲一等の授与は何を意味するのか。我々日本人に自らを省みさせる問いも投げかける。

そしてこんな問いも——大空に憧れた少年、カーティス・ルメイが、あのカーティス・ルメイになるのではなく、パイロットになって幸せな人生が送れるような未来をどうやったら築きあげられるのか。これがルメイの人生が投げかける究極の問いなのかもしれない。

付録

「NHK特集　東京大空襲」（1978年3月9日放送）より。NHKはルメイへのインタビューを試み、引退後の自宅を訪ねる。

ルメイはインタビュアーを招き入れるものの、
インタビューには応じたくないと言う。

勲章なら見てもかまわないという。並ぶ勲章のなかに、日本から送られた勲一等旭日大綬章がある。

あとがき

カーティス・ルメイの名を知ったのは、アメリカ文学の研究者になってからだった。カート・ヴォネガットやティム・オブライエンの作品を読んでいて、「ベトナムを石器時代に戻せ」という発言に突き当たったのだ。これは何だ？　調べてみて、カーティス・ルメイという将軍の発言だとわかった。

なんてひどいことを言うのだろう？

それ以前、彼の名を聞いたことはあったと思うが、どういう人かはあまりわかっていなかった。そしてこの「石器時代」の発言の主だと知り、悪魔のような人物像が頭に浮かんだ。

その悪魔のような像を決定的なものにしたのが、『オリバー・ストーンが語るもうひとつのアメリカ史』である。この本と映像のなかで、ルメイは重要な場面で何度も登場する。第二次世界大戦のヨーロッパ戦線では、敵の砲火を避けずにまっすぐに飛行しないと軍法会議にかけると部下を脅し、ドイツへの爆撃を成功させる。日本との戦線に参加してからは、焼夷弾を使った無差別爆撃で大量の死者を出し、日本じゅうを焼け野原にする。キューバ危機ではキューバ爆撃を主張し、それを避けたケネディを罵倒する。そして1968年の大統領選挙では、人種差別主義者の副大統領候補になる。

この人は超タカ派というだけでなく、人種差別主義者でもあったのか。当然ながらそう思った。そして、彼が日本から勲一等をもらっていると知り、愕然とした。

いったいなぜ？ そもそもどういう人なのだろう？

そういう興味で彼の伝記を読み始め、その悪魔的な像はかなり覆された。血なまぐさいことを好むサディストではまったくなく、とても合理的で現実的な人だった。部下からは信頼される上官だった。家族を大切にする夫であり、父親だった。人種差別をむしろ嫌っていた。

これはもちろん、想定外というわけではなかった。部下や家族にとっても悪魔のような存在だったら、あそこまで出世できるはずがない。彼が実行し、あるいは主張した強硬な攻撃も、彼なりの現実的な判断があってのことだった。それは彼の人物像とまったく矛盾しないのだ。

彼がどうしてあんなに血なまぐさいことをしてしまったのか。そしてまた、戦後はなぜあのように危機を煽り、核攻撃まで主張するようになってしまったのか。そうしたことを考えるのは、戦争がなぜ起こり、なぜエスカレートしてしまうのかを考える上で、とても重要だと思われてきた。それは人間について深く考えることにもつながるように思われた。

言い換えるなら、ルメイを悪魔だと考えてしまうと、本質を見誤ってしまうように思われたのだ。ルメイが悪魔なら、爆撃を受けた我々は哀れな被害者でしかない。だとすれば、悪魔からの攻撃に備えて武装しよう、威嚇しようといった考えにもつながりかねない。しかしルメイにとっては、日本人のほうが先に加害者となったのだから、あれくらいの攻撃は正当化されるものだった。それは、できるだけ自分たちの犠牲者を少なくして、戦争を早期に終わらせる道だった。そう考えたのはルメイだけではない。1945年の段階で、ほとんどのアメリカ人が同じように考えていた。だから彼は英雄として称えられたのだ。我々日本人は、単にルメイを悪魔視するのではなく、どうしてこのような目にあったのか、我が身を省みる視点も必要だ。

とはいえ、戦後のルメイが勝利におごってしまったことも確かだろう。これはルメイだけでなく、アメリカ全般に関しても言える。自分たちが加害者でもあったという視点を持っていたら、もっと弱者に対してやさしくなり、戦争を避ける道を見つけようとしたはずだ。しかし勝者の論理が勝ってしまったために、相手を脅すという形の平和しか考えられず、かえって世界を危険なものにしてしまった。このことからも、我々は大いに学ぶべきことがあるはずだ。

ルメイの人生が示唆すること――それを正確に伝えたいという思いで、私はルメイについて調べ、伝記を書くことにした。日本が彼に勲一等を授与したという点からも、彼の人生は我々日本人にさまざまな問いを投げかける。本書がこうしたことを考えるきっかけになってくれたら、著者として何よりの喜びである。

執筆にあたっては、次の方々に大変お世話になった。

アメリカによる日本への空襲研究の第一人者で、空襲・戦災を記録する会事務局長の工藤洋三氏は、本書全体を読んでくださり、さまざまな修正点を示唆してくださった。直接お目にかかり、お話もうかがったのだが、その広範な知識から多くのことを学んだ。アメリカに何度も足を運び、公文書をリサーチなさっており、そのご努力には本当に頭の下がる思いである。現代史の権威である明治大学の山田朗教授も全体を読んでくださり、修正点を示唆してくださるとともに、もったいない解説をいただいた。古くからの友人である陸上自衛隊元陸相の松村五郎氏は、アメリカ軍関係者を叙勲するケースについて、著者の質問に答えてくださった。英語資料でわかりにくい箇所については、日本映画の字幕製作者であるイアン・マクドゥーガル氏にいろいろと質問させていただいた。アメリカ文学者で専修大学教授の中垣恒太郎氏は資料集めに協力してくださった。皆さんに心よりお礼申し上げる。

著者は2012年の9月から翌年の3月まで、アメリカ・ニュージャージー州のラトガーズ大学ニューアーク校で研修したのだが、そのときお世話になったのが、H・ブルース・フランクリン教授であった。教授の文学への造詣の深さに感服するとともに、その反戦への強い思いに心から尊敬の念を抱いた。そのときはカーティス・ルメイの伝記を書くことなど考えてもいなかったが、教授からうかがったSAC時代の思い出話がインスピレーションの一つとなったことは間違いない。2024年5月に亡くなった教授の冥福をお祈りするとともに、最大限の感謝を捧げたい。

本書を執筆するきっかけには、家族の戦争体験も大いに関係している。父・上岡正義は終戦間近、広島県の大竹で人間魚雷の訓練を受けており、免れ得ぬ死に向き合っていた。8月6日には広島市方面に向かうB29と、その直後に立ちのぼったきのこ雲を目撃した。父はそのことをエッセイに書き残しており、それを抜粋した私のエッセイは『新潮』誌2018年10月号に掲載され、『ベストエッセイ2018』にも再録された。母・正子は1945年4月13日の城北大空襲の際、自宅に火が迫り、家族とともに必死に火を消し止めた。この逸話は、姉・直子が、母の記憶が薄れないうちに記録に残したいと思い、母の話を詳しく聞いた上で、東京大空襲・戦災資料センターの資料および地図と照らし合わせて事実を確認し、エッセイにまとめてある。姉は長くアメリカのNGOで世界の貧困層の子供たちに対する教育援助を行ってきたが、現在は在住のワシントンDCで、子供の教育や発達の一助となるよう折り紙を普及する活動をしており、それから発展して、広島の原爆犠牲者である佐々木禎子さんと千羽鶴の話も伝えている。姉のことは『朝日新聞』の「ひと」欄が2021年8月28日に紹介してくれた。戦争体験を私たちに伝え、その残酷さを実感させてくれた家族に感謝する。資料収集の旅につき合ってくれた妻・由美子にも心からの感謝を。妻の両親は終戦時、それぞれ大陸から引き揚げてきて、大変な苦労をした方々である。
最後に、早川書房・ハヤカワ新書編集部の山本純也氏には、企画段階から原稿のチェックまで大変お世話になった。記して感謝の意を表したい。

2024年12月

上岡伸雄

参考資料

英語文献

Abella, Alex, *Soldiers of Reason: The RAND Corporation and the Rise of the American Empire*. New York: Houghton Mifflin, 2008.（アレックス・アベラ『ランド　世界を支配した研究所』牧野洋訳、文藝春秋、２００８年）

Air Force Historical Support Division, *The US Army Air Forces in World War II*. https://www.afhistory.af.mil/FAQs/Fact-Sheets/Article/458967/the-u-s-army-air-forces-in-world-war-ii/

Albertson, Trevor, *Winning Armageddon: Curtis LeMay and Strategic Air Command, 1948-1957*. Annapolis, MD: Naval Institute Press, 2019.

Bird, Kai and Martin J. Sherwin, *American Prometheus: The Triumph and Tragedy of J. Robert Oppenheimer*. New York: Vintage Books, 2005)（カイ・バード&マーティン・J・シャーウィン『オッペンハイマー』河邉俊彦訳、早川書房、２０２４年）

Blight, James G. and Janet M. Lang, *The Fog of War: Lessons from the Life of Robert McNamara*. Lanham: Rowman & Littlefield, 2005.

Chester, Lewis, Godfrey Hodgson, and Bruce Page, *An American Melodrama: The Presidential Campaign of 1968*. New York: Viking, 1969.

Coffey, Thomas M., *Iron Eagle: The Turbulent Life of General Curtis LeMay*. New York: Crown Publishers, 1986.

Dower, John W., *War without Mercy: Race and Power in the Pacific War*. New York: Pantheon Books, 1986.（ジョン・ダワー『容赦なき戦争』斎藤元一訳、平凡社、２００１年）

Frank, Richard B., *Downfall: The End of the Imperial Japanese Empire*. New York: Penguin Books, 1999.

Franklin, H. Bruce, *Back Where You Came from*. New York: Harper & Row, 1975.

Franklin, H. Bruce, *War Stars: The Superweapon and the American Imagination* (Revised and expanded edition). Amherst: University of Massachusetts Press, 2008.（H・ブルース・フランクリン『最終兵器の夢　「平和のための戦争」とアメリカSFの想像力』上岡伸雄訳、岩波書店、２０１１年）

Franklin, H. Bruce, *Crush Course: From the Good War to the Forever War*. New Brunswick:

Rutgers University Press, 2018.

Gladwell, Malcolm, *The Bomber Mafia: A Dream, a Temptation, and the Longest Night of the Second World War*. New York: Little, Brown and Company, 2021.（マルコム・グラッドウェル『ボマーマフィアと東京大空襲　精密爆撃の理想はなぜ潰えたか』櫻井祐子訳、光文社、２０２２年）

Griffith, Charles, *The Quest: Haywood Hansell and American Strategic Bombing in World War II*. Montgomery, AL: Air University Press, 1999.

Hegi, Benjamin Paul, and Alfred Hurley, eds., *From Wright Field, Ohio, to Hokkaido, Japan*. Denton, TX: University of North Texas Libraries, 2015.

Hill, Gladwin, "LeMay Loses His $50,000 Job Because He Runs with Wallace," *The New York Times*, November, 2, 1968.

Hurley, Alfred F. and Robert C. Ehrhart, *Air Power and Warfare*. Washington, D.C.: Office of Air Force History, Headquarters USAF and United States Air Force Academy, 1979.

Karmin, Monroe W., "LeMay on the Stump: His Style Is Stilted, But He Tries to Smile." *Wall Street Journal*, October 25, 1968.

Kohn, Richard H. and Joseph P. Harahan, eds., *Strategic Air Warfare: An Interview with*

Generals Curtis E. LeMay, Leon W. Johnson, David A. Burchinal, and Jack J. Catton. Washington D.C.: Office of Air Force History United States Air Force, 1988.
Kozak, Warren, *Curtis LeMay: Strategist and Tactician.* Washington, D.C.: Regnery History, 2011.
LeMay, Curtis E. and MacKinlay Kantor, *Mission with LeMay.* Garden City, N. Y.: Doubleday, 1965.
LeMay, Curtis E, *America Is in Danger.* New York: Funk & Wagnalls, 1968.
LeMay, Curtis E, and Bill Yenne, *The Boeing B-29 and American Airpower in World War II.* Yardley, P. A.: Westholme Publishing, 1988.（C・E・ルメイ／B・イェーン『超・空の要塞：B－29』渡辺洋二訳、朝日ソノラマ、１９９１年）
Los Angeles Times, "Nixon and the Presidency," October 6, 1968.
Lukas, Anthony, "Class Reunion: Kennedy's Men Relive the Cuban Missile Crisis." *New York Times,* August 30, 1987.
Marshall, Chester, *Sky Giants over Japan: A Diary of a B-29 Combat Crew in WWII.* Collierville, TN: Global Press, 1984.（チェスター・マーシャル『B－29 日本爆撃30回の実録』高木晃治訳、ネコ・パブリッシング、２００１年）

Morgan, Robert and Ron Powers, *The Man Who Flew the Memphis Belle: Memoir of a WWII Bomber Pilot*. New York: Penguin Books, 2001.

Neer, Robert M., *Napalm: An American Biography*. Cambridge, MA.: Harvard University Press, 2013.（ロバート・M・ニーア『ナパーム空爆史　日本人をもっとも多く殺した兵器』田口俊樹訳、太田出版、２０１６年）

New York Times, "Giles Would Rule Japan a Century: Air General Says Undefeated Japanese Army May Cause Trouble in the Future," September 21, 1945.

Nutter, Ralph H., *With the Possum and the Eagle*. Denton, TX: University of North Texas Press, 2002.

O'Brien, Tim. *The Things They Carried*. Boston: Houghton Mifflin, 1990.（ティム・オブライエン『本当の戦争の話をしよう』村上春樹訳、文藝春秋社、１９９０年）

Rhodes, Richard, *Dark Sun: The Making of the Hydrogen Bomb*. New York: Simon & Schuster, 1995.

Schaffer, Ronald, *Wings of Judgment: American Bombing in World War II*. New York: Oxford University Press, 1985.（ロナルド・シェイファー『アメリカの日本空襲にモラルはあったか　戦略爆撃の道義的問題』深田民生訳、草思社、１９９６年、新装版２００７年）

Stone, I.F., "Curtis LeMay: Cave Man in a Jet Bomber," in Karl Weber, ed., *The Best of I. F. Stone*. New York: Public Affairs, 2006.

Stone, Oliver, and Peter Kuznick, *The Untold History of the United States*. 2012. Reprint, London: Ebury Publishing, 2013.（オリバー・ストーン＆ピーター・カズニック『オリバー・ストーンが語るもうひとつのアメリカ史』（全3巻）大田直子ほか訳、早川書房、2013年）

Tillman, Barrett. *LeMay*. New York: St. Martin's Griffin, 2007.

Time Magazine. August 13, 1945.

Time Magazine. September 4, 1950.

Time Magazine. October 18, 1968.

Trumbull, Robert, "Honor to LeMay by Japan Stirs Parliament Debate." *New York Times*, December 8, 1964.

Turner, Wallace, "Pacifists Balked in Napalm Fight: Judge Rejects a Plan That Would Shut Coast Plant." *New York Times*, May 20, 1966

Vonnegut. Jr, Kurt, *Slaughterhouse-Five, or The Children's Crusade:A Duty-Dance with Death*. New York: Delacorte Press / Seymour Lawrence, 1969.（カート・ヴォネガット・ジュ

ニア『スローターハウス５』伊藤典夫訳、ハヤカワ文庫、１９７８年）
Vonnegut. Jr, Kurt, *Hocus Pocus*. New York: Putnam's Sons, 1990.（カート・ヴォネガット『ホーカス・ポーカス』浅倉久志訳、ハヤカワ文庫、１９９８年）

邦語文献

阿川尚之『海の友情　米国海軍と海上自衛隊』（中央公論新社、２００１年）
荒井信一『空爆の歴史　終わらない大量虐殺』（岩波書店、２００８年）
生井英考『空の帝国　アメリカの20世紀』（講談社、２００６年）
ＮＨＫスペシャル取材班『ドキュメント東京大空襲——発掘された５８３枚の未公開写真を追う』（新潮社、２０１２年）
ＮＨＫスペシャル取材班『本土空襲全記録』（角川書店、２０１８年）
奥住喜重『中小都市空襲』（三省堂、１９８８年）
奥住喜重『Ｂ-29：64都市を焼く　１９４４年11月より１９４５年８月15日まで』（揺籃社、２００６年）
奥住喜重・日笠俊男『米軍資料　ルメイの焼夷電撃戦：参謀による分析報告』（吉備人出版、２００５年）

奥住喜重・早乙女勝元『東京を爆撃せよ　米軍作戦任務報告書は語る』（三省堂、１９９０年）
加藤典洋『敗者の想像力』（集英社、２０１７年）
上岡伸雄『テロと文学　9・11後のアメリカと世界』（集英社、２０１６年）
北九州の戦争を記録する会『米軍資料　八幡製鉄所空襲　Ｂ‐29による日本本土初空襲の記録』（自費出版、２０００年）
工藤洋三『米軍の写真偵察と日本空襲　写真偵察機が記録した日本本土と空襲被害』（自費出版、２０１１年）
工藤洋三『日本の都市を焼き尽くせ！　都市焼夷空襲はどう計画され、どう実行されたか』（自費出版、２０１５年）
工藤洋三『アメリカ海軍艦載機の日本空襲　１９４５年2月の東京空襲から連合軍捕虜の解放まで』（自費出版、２０１８年）
工藤洋三「１９４４年12月18日の漢口空襲」（『空襲通信』第21号、２０１９年）
工藤洋三「試験的な夜間精密爆撃の試みと挫折」（『空襲通信』第26号、２０２４年）
栗原俊雄『勲章　知られざる素顔』（岩波書店、２０１１年）
栗原俊雄『東京大空襲の戦後史』（岩波書店、２０２２年）

小山仁示（訳）『米軍資料　日本空襲の全容　マリアナ基地B29部隊』（東方出版、2018年）
『サンデー毎日』「〝原爆投下〟司令官の勲一等旭日大綬章」（1964年12月27日号）
柴田武彦・原勝洋『日米全調査　ドーリットル空襲秘録』（アリアドネ企画、2003年）
鈴木冬悠人『日本大空襲「実行犯」の告白　なぜ46万人は殺されたのか』（新潮社、2021年）
武内俊三『ドキュメント東京大空襲』（雄鶏社、1968年）
土屋たかゆき・但馬オサム『偏向平和祈念館の建設阻止　東京大空襲容認史観を許すな』（展転社、2021年）
『東京大空襲・戦災誌』編集委員会『東京大空襲・戦災誌』第四巻（東京空襲を記録する会、1973年）
東京大空襲・戦災資料センター『東京・ゲルニカ・重慶　空襲から平和を考える』（岩波書店、2009年）
東京大空襲・戦災資料センター『東京大空襲・戦災資料センター図録　いのちと平和のバトンを』（合同出版、2022年）
東京都（編）『東京都戦災誌』（明元社、2005年）

日本の空襲編集委員会『日本の空襲　三　東京』（三省堂、１９８０年）
野原茂『アメリカ陸軍機事典 1908 ~ 1945』（イカロス出版、２０２４年）
原田良次『日本大空襲　本土制空基地隊員の日記』（筑摩書房、２０１９年）
平塚柾緒（編著）『米軍が記録した日本空襲』（新装版、草思社、２０２０年）
保阪正康『東京が震えた日　二・二六事件、東京大空襲——昭和史の大河を往く〈第四集〉』（毎日新聞出版、２０１３年）
孫崎享『朝鮮戦争の正体　なぜ戦争協力の全貌は隠されたのか』（祥伝社、２０２３年）
松本泉『日本大空爆　米軍戦略爆撃の全貌』（さくら舎、２０１９年）
山崎雅弘『戦史ノート　キューバ危機——米ソ全面核戦争の危機を招いたソ連のミサイル配備計画』（六角堂出版、２０１５年）

映像資料

Isaacs, Jeremy, *The World at War*, Episode #24, "The Bomb." Thames Television documentary, 1973.
キューブリック、スタンリー（監督）『博士の異常な愛情　または私は如何にして心配するのを止めて水爆を愛するようになったか』（１９６４年劇場公開、ＤＶＤ：ソニー・ピク

チャーズエンタテイメント、2003年）
キング、ヘンリー（監督）『頭上の敵機』（1949年劇場公開、DVD：20世紀フォックス・ホームエンターテイメント、2004年）
コッポラ、フランシス・フォード（監督）『地獄の黙示録』（1979年劇場公開、DVD：日本ヘラルド映画、2002年）
ストーン、オリバー（監督）『JFK』（1991年劇場公開、DVD特別編集版：ワーナー・ホーム・ビデオ、2000年）
ストーン、オリバー（監督）『オリバー・ストーンが語るもうひとつのアメリカ史　DVD-BOX』（KADOKAWA、2013年）
ノーラン、クリストファー（監督）『オッペンハイマー』（2023年劇場公開）
フランシス、エイドリアン（監督）『ペーパーシティ　東京大空襲の記憶』（2021年）
マン、アンソニー（監督）『戦略空軍命令』（1955年劇場公開、DVD：復刻シネマライブラリー、2019年）
モリス、エロール（監督）『フォッグ・オブ・ウォー　マクナマラ元米国防長官の告白』（2004年劇場公開、DVD：ソニー・ピクチャーズエンタテイメント、2005年）
『BS歴史館　暗号名ブロークン・アロー～隠された核兵器事故～』（2013年9月6日

放送）
『ＢＳ１スペシャル　なぜ日本は焼き尽くされたのか～米空軍幹部が語った〝真相〟～』
（２０１７年８月13日放送）
『ＮＨＫスペシャル　十月の悪夢　１９６２年キューバ危機・戦慄の記録』（１９９２年10月25日放送）（ＮＨＫエンタープライズ、２００９年）
『ＮＨＫスペシャル　二度と原爆を使ってはいけない～ナガサキを見た占領軍司令官～』
（２０１１年８月８日放送）
『ＮＨＫスペシャル　東京大空襲・60年目の被災地図』（２００５年３月６日放送）
『ＮＨＫ特集　東京大空襲　極秘〝爆撃命令書〟入手　昭和20年３月10日東京大空襲の全貌』（１９７８年３月９日放送）（ＮＨＫエンタープライズ、２０１０年）

解説

山田　朗（明治大学文学部教授　日本近現代史）

カーティス・E・ルメイ（1906〜1990）といえば、B29による東京大空襲をはじめとする日本に対する焼夷弾・無差別爆撃を指揮したアメリカ合衆国の軍人として知られている。また、日本では一般に、「原爆投下を指揮」した人物、戦後、日本政府（佐藤栄作内閣）が航空自衛隊の育成に貢献したとして勲一等旭日大綬章を授与した人物としても有名である（ただし、後者についてはその通りだが、原爆投下については本書にあるように、ルメイの指揮権は形式的なもので、トルーマン米大統領の命令により509混成部隊長のポール・ティベッツ大佐の指揮のもとに実施された）。

日本にとっても、アメリカにとっても歴史的に重要な軍人であったルメイについて、アメリカ本国においてはルメイ自身が執筆に関わった著作や作家による伝記がいくつも刊行されているにもかかわらず、日本ではルメイについて書かれたものは、重要ではあるがいずれも断片的なもので、彼の生涯を、その軍人としての思想と行動の変遷を客観的に振り返る伝記が存在していなかった。まずその点で、本書は日本で刊行された初の本格的な「カーティス

・ルメイ伝」として画期的な意義を有するものである。今後、ルメイに言及する場合には、まず本書が参照されることになるだろう。

本書で詳しく描かれているように、ルメイの軍人としての特徴は、まさに戦略爆撃思想の体現者であるということだ。ルメイが軍人としてのキャリアを歩み始めた1920年代、すでにイタリアのジュリオ・ドゥーエに代表される戦略爆撃の思想は提唱され、注目されていた（荒井信一10～11頁）。この場合の戦略爆撃とは、敵国の政治・経済の中心地だけでなく、一般市民をも爆撃の対象とするという考え方である。こうした考え方が生まれた背景としては、第1次世界大戦が「国家総力戦」という概念を生み出し、戦争というものは前線で軍隊どうしが戦闘を交えるだけでなく、それを支える一国の経済力（技術力・生産力・輸送力・労働力）と精神力（国民の団結と戦意）によって成り立っていると認識されたことがある。したがって、地上・海上・空中での戦闘に勝つだけでなく、戦争を支える敵側の戦争潜在力というべきものを根こそぎ破壊することが、戦争に勝利するための最短の経路である、と主張されたのである。

そして、さらに空中を支配することが陸戦や海戦の帰趨を決するものとする「制空権」の思想が強調されるようになった。アメリカにおいてウィリアム・ミッチェルが1920年から23年にかけて4回にわたり大戦の戦利品である旧ドイツ軍艦への空爆実験を行ない、「戦艦必敗論」を唱えていた。本書にもルメイがミッチェルの主張に共感していたことが記されている。なお、このミッチェルの空爆実験を視察し、本国に報告した日本海軍の軍人が、のちに真珠湾攻撃を指揮した連合艦隊司令長官・「航空主兵論者」の山本五十六である（山田朗82～83頁）。

しかし、戦略爆撃の思想は、戦争の極度の残虐化を防止するという19世紀末以降に制定されたハーグ陸戦条約などの「戦争法規」との折り合いをつけなければならなかった。１９３０年代においても「無防守都市」や非軍事目標（一般市民居住地）への攻撃、すなわち戦闘員と非戦闘員を区別しない「無差別攻撃」は違法あるいは非人道的とみなす考え方が、軍事大国においても存在した。しかし、これらの「戦争法規」の考え方は、植民地（「非文明的」とみなされた地域）には適用しない前提であった（木畑洋一、南塚信吾ほか73～77頁）。これは、「野蛮な敵国」には手段を選ばぬ攻撃を容認する余地を残していた。また、無差別爆撃を法的に禁止する「ハーグ空戦規則案」が、空軍力活用の足枷を嫌う列国の思惑から結局、合意には至らなかったことも、空中からの大規模な殺戮行為を防止する歯止めを、今日に至るまで人類が持てていない大きな要因である。

こうしたことから戦略爆撃論者の中にも、軍事目標主義を貫こうとする精密爆撃派と戦略爆撃の効果を最大限に生かそうとする無差別爆撃派が生ずることとなる。ルメイは後者の代表と言えるだろう。だが、本書を読めばよくわかるように、ルメイも最初から無条件に無差別爆撃を主張したわけではない。すでに、ヨーロッパ戦線では、イギリス空軍がドイツに対する夜間・無差別爆撃を実施していた。イギリスがそれを実施するには、イギリスの重爆撃機アブロ・ランカスターには戦闘機による激しい迎撃が予想される昼間爆撃に耐えられる防御力と精密な爆撃照準器がないという理由と、ドイツのロンドンなどへの無差別爆撃に対する報復という「大義名分」があった。

1943年になってもイギリス軍による無差別爆撃に比べ、アメリカ軍のB17爆撃機による昼間・精密爆撃は、B17の強力な防御火力と優秀なノルデン爆撃照準器を有していながら、爆弾投下前に対空砲火を避けるために、一定時間ジグザグに飛行するというやり方をとったために、損害の割には「結果」が出ていなかった。ルメイは、最小の損害で最大の「結果」を出すべく、B17爆撃機の搭乗員たちに防御火力を発揮できる密集隊形を維持する厳しい訓練を課すとともに、彼らにデータを示してジグザグ飛行は効果がないことを納得させた上で、爆弾投下前の直進飛行を命じた。そして自らが先頭のB17に乗り組んだ。ルメイは、この最小の損害で最大の「結果」を出すという、「軍事的合理性」を貫き、敵に根本的な打撃を与える手段として無差別爆撃をも辞さないという方法を選択した。そこにルメイの軍人としての本質がある。

1944年に対日戦線へと転任したルメイは、B29爆撃機を使った日本本土空襲の場で、彼の「軍事的合理性」追求をさらに徹底する。ここでもルメイは、まず前任者のやり方（高高度からの軍事目標に対する精密爆撃）を一旦は踏襲してみて、それが「結果」を出せないやり方であることを把握し、やり方を低高度からの焼夷弾・無差別爆撃へと大きく転換させる（もっとも、本書でも示されている通り、前任者のヘイウッド・ハンセルもすでに部分的に無差別爆撃を実施していた）。ルメイの「軍事的合理性」の追求は、東京大空襲で示されるが、それは、元来の戦略爆撃の思想そのものであり、日本の戦争潜在力を根こそぎ破壊し尽くすやり方であった。たとえ、10万人の市民を焼き殺そうとも、その方が敵・味方の犠牲を結果的に少なくするというのが彼にとっての「軍事的合理性」であった。これはアメリカ本国における原爆正当化の論理と全く同じである。原爆は、究極の戦略爆撃兵器であるので、ルメイの論理と原爆投下の論理が重なるのは当然のことかもしれない。本書では、ルメイの「軍事的合理性」のことを「勝者の論理」とも呼んでいる。

だが、ここで重要なのは、本書でも指摘されているように、ルメイに「結果」を出すことを強く求めたのは、アメリカ陸軍航空軍司令官ヘンリー・アーノルドらであり、彼らは戦略爆撃だけで日本を降伏に追い込むことによって陸軍航空軍の「実績」を作り、空軍としての独立を実現しようとしていたことだ（この点については、米軍関係者からの聞き取りで鈴木冬悠人『日本大空襲「実行犯」の告白』でも確認されている)。実際に、大戦後、1947年にアメリカ陸軍航空軍は、念願かなってアメリカ空軍として独立することになる。つまり、東京大空襲をはじめとする日本諸都市への焼夷弾・無差別爆撃は、米本国のアーノルドら陸軍航空軍関係者の「空軍独立」という願望、ルメイの「軍事的合理性」の追求、そしてB29という破格の性能を有する戦略爆撃機の組み合わせが生み出したものということである。

戦後の米ソ冷戦時代においてもルメイは、アメリカ空軍の中枢部にあって、ソ連を圧倒する空軍力によって戦争を「抑止」しようとする。ルメイの考えは、「常に戦争に備える」(即応態勢をとる)というもので、恒常的に新型爆撃機を開発・配備し、ソ連の領空まで偵察機や爆撃機を飛ばして威嚇し、もし戦争になったら圧倒的な戦力をもって先制攻撃をかけて相手を屈服させることを狙っていた。絶え間のない軍拡と威嚇によって「平和」を維持する。まさに戦略爆撃の体現者としてのルメイは、朝鮮戦争の際も、キューバ危機の際も、ベトナム戦争に際しても、やるのであれば徹底的に相手を根こそぎ破壊する作戦を時の国防長官や大統領に進言し続ける。

本書は、ルメイの伝記であるが、一面、現代のアメリカ人がルメイをどう評価し、あるいはどう批判してきたかの記録でもある。ルメイが生きた時代のアメリカの戦争肯定論と否定論、そして世論の動向を映画・テレビ・小説・評論の幅広い素材から取り上げ、アメリカ社会の中でのルメイの位置を明らかにしている。ルメイは、アメリカ空軍の指揮官として、その「軍事的合理性」を追求するあまり、政界や軍部内にも多くの敵がいたし、リベラル派は彼を「悪魔」に見立てた。それでも、彼は軍隊の指揮官として重用され、多くの部下から信頼を集めていた。本書は、戦略爆撃の体現者を批判する基盤だけでなく、ルメイの論理を支える社会的・文化的基盤をも抉り出している。この手法に基づく叙述は、政治・軍事だけを分析対象とする研究者ではなし得ないことで、現代アメリカ文化の卓越した研究者である著者でなければできなかった仕事である。

参考文献（刊行順）
○カーチス・E・ルメイ、ビル・イェーン（渡辺洋二訳）文庫版新戦史シリーズ37『超・空の要塞B‐29』（朝日ソノラマ、1991年）
○奥住喜重・日笠俊男『米軍資料　ルメイの焼夷電撃戦：参謀による分析報告』（吉備人出版、2001年）
○前田哲男『新訂版・戦略爆撃の思想　ゲルニカ・重慶・広島』（凱風社、2006年／初出：朝日新聞社、1988年）
○奥住喜重・早乙女勝元『新版・東京を爆撃せよ　米軍作戦任務報告書は語る』（三省堂、

2007年／初出：三省堂選書、1990年）
○荒井信一『空爆の歴史　終わらない大量虐殺』（岩波新書、2008年）
○山田朗『近代日本軍事力の研究』（校倉書房、2015年）
○鈴木冬悠人『日本大空襲「実行犯」の告白　なぜ46万人は殺されたのか』（新潮新書、2021年）
○南塚信吾・油井大三郎・木畑洋一・山田朗『軍事力で平和は守れるのか：歴史から考える』（岩波書店、2023年）